远见与胆识

李中子的商业传奇

李中子◎著

长江出版传媒
长江文艺出版社

图书在版编目（CIP）数据

远见与胆识：李中子的商业传奇 / 李中子著 . —
武汉：长江文艺出版社，2017.7
　　ISBN 978-7-5354-9842-7

　　Ⅰ . ①远… Ⅱ . ①李… Ⅲ . ①李中子—自传Ⅳ .
① K825.38

中国版本图书馆 CIP 数据核字 (2017) 第 166615 号

远见与胆识：李中子的商业传奇

李中子　著

选题产品策划生产机构｜北京长江新世纪文化传媒有限公司
选题策划｜金丽红　黎　波　安波舜　孟　通
责任编辑｜管紫璇　白进荣
媒体运营｜洪振宇　　责任印制｜张志杰　王会利　封面设计｜艺海晴空
内文制作｜仙　境　法律顾问｜张艳萍

总　发　行｜北京长江新世纪文化传媒有限公司
电　　　话｜010-58678881　　　　传真｜010-58677346
地　　　址｜北京市朝阳区曙光西里甲 6 号时间国际大厦 A 座 1905 室　　邮编｜100028

出　　　版｜长江出版传媒　长江文艺出版社
地　　　址｜湖北省武汉市雄楚大街 268 号湖北出版文化城 B 座 9-11 楼　　邮编｜430070
印　　　刷｜三河市华业印务有限公司
开　　　本｜710 毫米 ×1000 毫米　1/16　　　　印张｜15.5
版　　　次｜2017 年 7 月第 1 版　　　　　印次｜2017 年 7 月第 1 次印刷
字　　　数｜169 千字
定　　　价｜45.00 元
盗版必究（举报电话：010-58678881）
（图书如出现印装质量问题，请与选题产品策划生产机构联系调换）

时光流转 初心不老

老同学中子写了本传记，读后感想颇多。一个人的历史，往往是一代人的回忆。

我们这代人，生在红旗下，基本与共和国同龄，个人际遇与国家时政的宏大变化，让我们的命运与时代车轮一同滚滚向前。

迭代与流变，速生与速朽的时代，其实更需要有稳固的内核。在我看来，穿越时光的初心和理想，既是个人的内核，也是国家的内核。

我和中子是武大同窗，特殊的时代背景让我们在热血沸腾的年纪，吃过苦头，摔过跟头；但铁杵淬火的锻造，赋予了我们这代人坚强和理性。

文字是表，精神是里，中子要用传记展现的，是一个创业者在人生棋局中，历经锤炼，变得知止而后有定，能积极适应和创造变化。中子在书中详述了他在海外丰富的创业经历，从中能看到中国创业者正在努力将旧规则改变，让新价值诞生。读书中的商业案例，能让读者明白，希望从努力的地平线升起，照亮了宽广的前路；成功河床上流淌的全是汗水。

何为成功者？我的定义是：初心不改，专注实干。人生可跌宕起伏，事业却坚如磐石。中子的人生和事业，符合我对成功者的定义。

苏轼名句有言：盖将自其变者而观之，则天地曾不能以一瞬；自其不变者而观之，则物与我皆无尽也。沧海巨变，无非天地一瞬，而不变的是奋斗者前行的脚步。

双鬓虽已斑白，道路依旧宽广，初心不改才能拥有理想，对苦难要感同身受，对奋斗要心驰神往，勇者辈出，终能让实践的理性改变现实。

与中子和诸君共勉。

目录
Contents

第一部分

非常成长

历久弥新的红色记忆

我的父亲名叫李尚文，1920 年出生于山西高平。高平史称"长平"，是炎帝故里，风土豁然，人情质朴，深受传统文化的影响，读书之风浓郁，当地即便是农户也大多是耕读传家。

父亲生于贫农家庭，但受家乡兴学重教之风所影响，少时接受过严格的私塾教育，后来又上了新学，并考取了长治师范，赵树理、史纪言都曾是父亲的老师。长治师范是当时山西进步学生的活动中心，强国救亡的风雷激荡起那一代知识青年思想的解放，让他们对革命心向往之。父亲长得一副斯文书生样，骨子里却是明理晓大义，深感国难当头，又身处炽烈的进步思潮环境中，自然义不容辞地投身于革命。

1937 年"七七事变"后，日军大举进犯华北，与阎锡山、傅作义、聂荣臻、林彪领导的国共联军展开八年抗日史上华北最大规模的会战——太原会战。著名的平型关大捷、忻口战役均发生在这次会战中。

同年 10 月，因战事吃紧，长治师范学院被迫停办，大批学生参加了阎锡山领导的山西牺牲救国同盟会，简称"牺盟会"，父亲便是其中之一。后来由抗日青年决死队从"牺盟会"中独立出来，父亲信仰共产党，便毅然追随而去，开始了自己一生的戎马之旅。

当时，父亲既是颇为稀罕的师范生，为人处世又有农家子弟的忠诚质朴，此外还有一股军人特有的血勇之气，长得鼻直眉阔，甚是英武。进入部队后，父亲进步很快，3 个月后便入了党，开始任壶关县特派员，22 岁便当上了太行第四军分区敌工科长。

敌工科负责建立根据地与日军占领区之间的秘密交通线，用尽一切手段分化瓦解日伪军，称得上是刀尖舔血。他们制作大量标语、传单、书信、画报、慰问袋，组织各县的敌工站，派人带往敌占区，甚至通过安插好的内线带进日军驻军地点，在敌人的老巢里搞抗日宣传。

父亲在 25 岁时认识了在太行第八专署工作的母亲。我母亲叫张苏影，是邢台最老牌的红色家族之后，母亲的二叔是陈潭秋发展的邢台第一个共产党员，三叔因组织抗日失败，被日寇抓到后残忍杀害。

父亲和母亲认识后，互相产生好感，相处了一段时间后，便向组织递交了结婚报告。1945 年 8 月 15 日，李尚文同志与张苏影同志穿着发白的土灰色旧军衣和手编的布带草鞋，在战友们的庆贺声中完成了结婚仪式，婚礼配乐是父亲唱的《到八路军去》。

婚礼完毕，未来得及度过新婚之夜，部队便接到了连夜开拔的命令。直到第二天晚上，父母才在一孔没炕的破窑洞里，躺在一副满是大洞小眼的担架上度过了新婚之夜。

新婚第十天，父母所在的部队经过一番血战，攻克了河南清化城，灰头土脸的父亲和母亲提着枪进了城。两人走在清化城的街道上，眼前弥漫着浓浓的黑色硝烟，脚下到处是烧焦的日本兵尸体，还有几具尸体挂在路旁的窗户上。父亲和母亲边走边找，只为寻找一家照相馆，照张结婚照。老天爷大概是被他们的浪漫打动了，转过大半条街后，两人好不容易才敲开了一家照相馆的门，老板惊魂甫定，父母和颜悦色地解释道："我们俩刚结婚，想拍张结婚照。"

日本战败后，紧接着便是解放战争。父亲所在的 15 军归秦基伟将军指挥，在淮海战役中大出风头，拿下了黄维兵团。随后转战云贵高原，父亲作为 15 军 45 师 135 团政委，还曾兼任过贵州毕节地区织金县委书记。

新中国成立后，父亲又参加了抗美援朝战争。1952 年 10 月 14 日，范佛里特指挥的联合国军向上甘岭地区的 597.9 高地和 537.7 高地北山发起了突然进攻，这就是著名的上甘岭战役。而在上甘岭战役中，顽强击退联合国军的就是父亲所在的 15 军。

上甘岭战役打出了 15 军的知名度，中央军委随后将 15 军改编成了我军唯一的空降军，成为中国最精锐的快速反应部队。父亲当时是 15 军 45 师政委，他所在的 45 师 2008 年因在汶川大地震中完成强行空降救人任务而闻名全国。

抗美援朝胜利后，父亲先后任 45 师政委、15 军副政委、武汉军区空军政治部副主任。1955 年被授予上校军衔，1961 年晋升大校军衔。那一年的国庆节阅兵仪式，父亲带着我上了天安门观礼台，时至今日，我依然记得父亲高举着我，让我看天安门上的毛主席，以及浩浩荡荡的坦克与方阵。回想起来，父亲当时有资格在观礼台上看国庆阅兵，级别真是不低了。遗憾的是，父亲在 1971 年罹患食道癌去世，时年才 51 岁。

父亲一生光明磊落，对党和国家非常忠诚。给我取名为"中子"，一方面他希望中国能早日发明出中子弹，以壮大军事实力；另一方面寓意"中国人民的儿子"，要我永远爱国。父亲得了癌症后，坚决不做手术，他担心手术后不能胜任工作。在他看来，如果自己不能工作，不能为党和人民做事，那简直是生不如死。

父亲天性乐观，虽经年累月地在死亡线上游走，却从不说悲观、消极的话。临终前，他还信心满怀地告诉母亲："周总理已经给医务界下了指示，三年内攻克癌症，我的病有希望了。"

父亲还是个重义气的人，他嘱咐母亲将自己葬在焦作九峰山，因为那里有他焦作战役中牺牲的熟悉的战友，父亲想离他们近一些。

父亲是整个家族所有人心目中的英雄，他是一个有着传统道德修养、优秀文化涵养的革命者，把国家的危难扛在肩上，以书生的风骨做着开天辟地的大事。我们家族所有的后辈，无不为父亲而骄傲，无不以父亲为榜样，既好读书，又勇于革命；既要当书生，又要做英雄。

母亲生逢乱世，同样有着一颗无比勇敢的心。由于家族里革命者辈出，母亲对进步思想的执着和忠诚，从学生时代便扎下了根，并贯穿其一生。

与父亲一样，母亲也有过数次死里逃生的经历。最惊险的一次是在朝鲜战场上，四个女战友围坐在炕上打牌，母亲在旁观看，美国人的战机突然来了，一排子弹从屋顶上扫了下来，两个女战友瞬间被半尺长的弹头穿透了胸膛，手里还握着扑克牌。

母亲除了勇敢、忠诚，还有点可爱的小呆板。有一次，母亲被胡宗南的部队拿着机枪追扫，在奔逃中，她居然还冒着生命危险停下来，叮嘱路边破肚流肠的伤员，实在跑不掉时，一定要把手边的长枪摔烂，以免落入敌人之手。自己的命都保不住了，还惦记着不能把武器留给敌人，这便是我的母亲。

20世纪50年代初，母亲调离了部队，被分配到了检察系统工作。据她回忆，当年上级让她筹建南京玄武区检察院，既没有钱，又没有房。母亲找人写了块"南京玄武区检察院"的牌子，然后举着牌子在南京街头找废弃的空房子，终于发现一家当铺遗留下几间临街的空房看着还算敞亮，于是就把牌子往门口一挂，检察院就算成立了。

后来为了照顾父亲和孩子，母亲先后调到武汉检察院、武汉市公安局工作，退休时荣获了公安部一级金盾荣誉证章，这是公安系统内的最高荣誉。

母亲在地方机关工作期间，工作认真、讲原则，不招某些领导待见，评价其思想不开化，太较真，称她"红得发紫"。母亲性格确实如此，然而，社会不正需要这样的人吗？倘若人人精明，人人做事不讲原则，社会风气必然败坏。像母亲这样正直、讲原则的人，正是一个家庭，乃至一个国家的脊梁，没有这样的人的存在，我们的社会不可能发展到今天这个样子。

母亲教导我最多的一句话是："永远不要讲假话，但不一定把真话全讲出来。"现在回过头来细想，不讲假话是母亲的人生底色，她一辈子都是这么做的；而有保留地讲真话，则是母亲讲过无数次真话，吃过无数次亏之后总结的人生教训。母亲的教导，我扪心自问是做到了。如果说，在生意伙伴的心目中，我是个诚实守信的商人，那正是母亲的功劳。

　　父母给予我最重要的精神财富便是英雄主义的人格底色。从小到大，我骨子里认为自己是英雄的孩子，做人力求上进，做事从不胆怯。无论身处何方，我从未改变过自己的信念。如果说，我今天算是闯出了一番天地，首先得归功于我的父母，没有他们传承给我的勇气、赋予我的骄傲，我不会走得这么远。

部队大院里的野孩子

我祖籍山西，生在南京，长在武汉。

我一直觉得自己既是山西人，又是武汉人。觉得自己是山西人，是因为父亲的根在山西，我的根自然也在山西。再加上这些年走遍世界各地，我始终觉得明清时期的晋商是世界上最棒的商人，他们所代表的商业精神是完美的、利他的，如果他们的商业精神能被当今企业家效仿，或许就不会有经济危机了。正因如此，我为自己是山西人的后代而自豪。

武汉是码头文化的典型代表。史载：武汉，民性多流于倔强，以故风气开化，常不为遗俗所沾染。亦风气自创，能别于荆楚人物以独立，人杰地灵，涵今茹古，有独立的自由思想，有坚强不磨之志。义以淑群，行必厉己，开一方之风气，盖地理使然。

经济的融通往往会推动文化与思想的繁荣，南来北往的货船在武汉集散，不同地域的风土人情也在此碰撞、交汇，自然促进了武汉三镇开化的速度和接纳新思想的胸襟。通俗点说，钱流、物流的活络，让武汉人自古就少了"以农为本"的愚见，多了对时世和变革的敏感，以及对新事物勇敢参与的热情。我觉得自己做生意少有的一点儿灵气，很大程度上得益于我成长的地方——武汉的滋养。

我成长在部队大院里，部队大院里的孩子容易调皮，即便女孩都像是假小子，梳两根冲天辫，在游泳池玩高台跳水；练习飞车，把凤凰女车的座儿拔得老高，先单手猛推出去好几米远，然后跑过去凌空坐驾……女孩尚且如此，男孩更不必说。我本来就不是胆小的人，又在部队大院这样的环境里长大，更是强化了我敢闯敢干的劲头。在我12岁时，我做过最生猛的一件事，是玩气枪误伤了人，现在想来仍感到后怕。

人不能孤立地存在于世，总得依赖于一种社会背景。可以说，人的成长既是对不同文化脉络的传承，也受各种社会因素的综合影响。一个人人格的特质除了血脉的遗传，还来自地域文化的塑造。清楚认识自己身上潜藏的地域性特质，对于发掘自己的优点，以及更好地认识自我，是极其重要的。一个人能获得成功，不外乎是将自己的优势尽可能地最大化。

1972年，我考上武汉大学英语专业。当时正值邓小平复出后主导教育改革，后被称为"教育回潮"。由于这次回潮与"文革"大趋势相悖，所以并未持续太长时间。

这次教育回潮虽然短暂，却在教育史上影响巨大，因为它毕竟在荒芜的年代造就了一批精英，使国家的人才没有出现断代危机。从历史的角度看，正是这微弱的一缕阳光，造就了我们这一代人的成长机遇。

邓小平主持教改后不久，就发生了张铁生交白卷事件，主导文化课考试的邓小平因此再次下台。但在我们这拨大学生心中，已经开始反思"文革"了，毕竟经历那么多次忽左忽右的政治风潮，虽不知道该以什么理由反对，但也深刻明白了知识对于一个国家是何等的重要。

在这种反思与等待中，我们坚持刻苦读书。当时的武大，跟现在一样美，有樱花，有浩荡的东湖，就是夏天很难过，深受蚊虫叮咬之苦。当时条件差，没电扇，宿舍也按时熄灯，你想点根蜡烛读会儿书，立马引来成群的蚊子，你胆敢熬夜看书，蚊子能把你吸成贫血。

我们班的一个同学，即现在国防大学前政委、空军上将刘亚洲，想出了一个好法子，就是点烛夜读时，把双腿泡在水桶里，既可防蚊，又能解暑，一举两得。这个法子很快便有人效仿，结果晚上时常有人把脚泡得跟白皮猪蹄一般。

记得有一次，刘亚洲拿一篇文言文来考我，打赌说其中有三个字我肯定不会念。我不服，结果我果然不会念这三个字，便自觉难堪不已。这件事给了我很大刺激，激励我后来把整本《成语词典》都背了下来。现在回想起来，刘亚洲这种刻苦学习的精神也对我产生了很大的影响。

说起刘亚洲，除了学习用功外，他还有个让人印象深刻的地方——擅长下军棋。尤其是下暗棋时，他能把司令、军长用活，布棋的位置总让人出乎意料，让对手吃大亏。另外，他还有一手绝活儿，能通过观察对手的表情来判断对方司令、军长的位置，相当精准。

亚洲无论是在学习，还是在生活中，都会用巧劲，固然有个性的缘故，也是喜欢思考所致。求学期间，他总能在言行起居的间隙，定下心来，以如临深渊的敬畏心自持自省，持之以恒地磨砺人格、淬炼德行，还能认同"有理由的反对，反对即是赞成"，胸怀也很广阔，深得同学们的敬重。

　　亚洲后来著述丰富，他的第一本著作叫《陈胜》，书成之后，他将手稿赠送给我，我一直视为最珍惜的礼物。

　　在那个红色年代，我们读外语系算是走运的，能从外文资料上，获得各种各样普通人接触不到的信息。了解得越多，越觉得外面的世界真精彩。反观现实中各种"无厘头"的运动，使我们这些大学生内心深处产生了巨大的困惑，乃至痛苦。

外事办——系好人生第一颗纽扣

　　1976年，我从武大外语系毕业。当时的大学毕业生在国内属于"稀罕物种"，国家全都包分配。虽不发愁就业，可工作毕竟还是有三六九等之别，像湖北省外事办这样的单位，大家都想去，专业对口，工资高，整天接触外宾，感觉很上档次。那时的社会风气正，不时兴送礼，负责分配的老师也公正，虽然大家都想去，但还得严格按照成绩和性格特点来分配工作。

　　负责分配的老师和领导觉得我性格外向，因为在校期间，我总是热衷于张罗组织诸如晚会、体育比赛之类的活动，根本闲不住，加之我中学就读于武汉外语学院附中，英语底子好，大学期间的专业成绩也突出。于是，系里向湖北省外事办推荐了我，外事办看了我的成绩单，了解到我平时的表现，就定了下来。就这样，在1972级英专那一届里，我成为唯一一个被分到湖北省外事办，也是当时分配单位最好的学生。

　　一去外事办，我并没有立即开始工作，而是和其他新入职的大学生一道，接受了为期两个月的外交礼仪培训。开始我以为培训就是走个过场，觉得待人接物还用培训吗？我们可是大学生啊！结果等到老师一开讲，我才发现虽然读了大学，可真要做到举止得体，不卑不亢，不做作，能向外宾展示中国人民的良好风貌，自己差得还很远。

第一个月的培训，是把我们派到外事办下属的胜利饭店当服务员，那是当时武汉的顶级饭店，毛主席来武汉住的就是胜利饭店。领导希望我们通过此次基层实践长知识。我们每天必做的一项重要工作就是打扫宾馆的房间，把厕所冲刷干净，把床单铺得像湖面一样平整，被子叠得像行李箱一样棱角分明，最苛刻的要求是让房间地毯上的绒毛朝一个方向捋顺。捋地毯毛的工作，一开始可把我难住了，拿梳子梳，还是拿吹风机吹，这可怎么捋顺啊？！后来宾馆里有经验的服务班长告诉我，捏着地毯的一角，把地毯拽起来后，使劲往地上一甩，"啪"的一声，地毯毛就全捋顺了。

第一个月在基层实践完，第二个月就是培训外交礼仪。举个例子，比如，做个"请"的手势，大拇指要与手掌并拢，不能叉着；再如，送外宾上车后，不能扭头就走，要站在原地挥手致意，一直到车开出视线位置；去机场迎送外宾时，不但要送外宾登机，还要静候飞机起飞，飞机起飞后也不能离开，因为飞机还要在机场上空绕圈，要摆动机翼……总之，只要外宾在你的视线之内，就意味着你也在外宾的视线内，绝对不能离开，必须全程挥手致意。

礼仪老师告诉我们，从事外事活动，与外宾相处，最高级的礼仪就是要有敏锐的洞察力。有了敏锐的洞察力，你才能时刻体察到外宾的需求，并及时予以协助，否则所谓的礼仪只是做做样子，即便见客笑成一朵花，也不可能做到贴心。

礼仪老师关于洞察力的解释让我深受启发，让我明白训练洞察力就是尽力从别人的角度去想问题，只有从细微处察觉到别人的心理变化，明白了他人的需求，待人接物才能贴心、细致，否则再卖力逢迎也是枉然。

一个月的礼仪培训不仅让我有机会受到了专业的礼节仪态训练，能够在待人接物时展现出热情、大方、得体的风度，更为关键的是，让我深刻理解了洞察力的重要性。不管是与别人交往，还是为别人服务，一定要从细微处洞察对方，要把自己的脚穿在别人的鞋里，真正从别人的需求出发去考虑问题。懂得洞察，才能洞明，这不但是一种方法论，更是一种哲学。

培训结束后，我回到外事办做接待翻译工作。按理说外事办工作也说不上多难，联络领队、接洽、翻译、食宿、安全、提问、记录、录音、拍照，把所有这些工作单列出来看，真不难，大家都能干。可一旦把这些工作捆绑在一起一块儿干，而且保证全部落实到位，不出纰漏，绝非易事。倘若没有事先周密的布置，不对突发事件做好预案，或与同事配合不好，就很容易出纰漏，导致手忙脚乱。

20 世纪 70 年代初，我国有几项历史性的外交成就。1971 年，第 26 届联合国代表大会恢复了中国在联合国的合法席位，包括安理会常任理事国席位。同年 7 月，基辛格访华，预示着中美关系开始破冰。1972 年 2 月，尼克松访华，而围绕他访华出现的"乒乓外交"则成为世界外交史上的一个创举，中美发布联合公报后，双方关系进入了一个新的历史时期。同年，田中角荣访华，拉开了中日邦交正常化的序幕。伴随着外交领域取得的历史性成果，与消沉的 60 年代相比，国内的外事活动渐渐增多。

我国外交格局的趋势性变化，对我们湖北外事办的工作也产生了巨大影响。随着彼此外交关系的确立，很多美国、日本的使团来武汉交流访问。回忆起来，当时武汉可逛的景点真的比较少，汉口平展无坡，到处都是简陋低矮的民房，唯一可看的就是东湖和归元寺。在湖北外事办工作期间，我见过最著名的外宾是缅甸总统吴奈温。

吴奈温当时从北京飞往缅甸，途中需要在武汉加油，因此要在武汉停留四五个小时。虽然只是四五个小时的接待任务，我们外事办却整整准备了两三个礼拜，想了好几套方案，把吴总统及其随行可能提出的任何要求都进行了预想，并做了充分的准备。

吴奈温的专机飞抵武汉后，事情反倒简单了，对方没有提出任何要求，只是吃了一顿饭。倒是我对随行的缅甸总统办公室主任印象很深刻，那个人异常精明，一下飞机，就拉着我问有几位领导来接待吴总统，我当时不明白她的意图，只是向她报了人数，并对几位主要领导做了介绍。后来我才明白，这位办公室主任知道人数和职务后，在短短几个小时之内就给每个人准备了礼物，心思之细密，行动之敏捷，让我叹为观止。

另外一次让我印象深刻的外事活动，就是去北京见了美国人鲍勃·霍普（Bob Hope，1903—2003）。

霍普是美国 20 世纪四五十年代最著名的喜剧演员，还是电视主持人、脱口秀谐星及制作人。他曾获得 5 个奥斯卡特别奖，18 次主持奥斯卡颁奖典礼。他在近 60 年的时间里，多次赴海外为美国大兵进行慰问演出，是美国人心中的头号"爱国艺人"。以至于 2003 年他去世的时候，小布什曾亲致悼词。

当时碰巧霍普与伯明翰大学合唱团同时来华访问，霍普出席正式场合总是穿着细条纹西装或者酷酷的短装夹克，既优雅，又时髦。不夸张地讲，直至今天，我都认为没有哪个明星能在气质上超越霍普。霍普的绅士范儿是从内心投射出来的，无法用"帅"字去形容他，而"酷"字又显得不够贴切，他所呈现的气质既有张扬的一面，又不失理性沉着，独特的个性魅力让我印象深刻。正像有美国媒体说的那样，连鸟儿都逃不过他的魅力，的确如此，他的幽默透在每一个细胞里，的确是可以与卓别林齐名的喜剧大师。

我作为全程陪同翻译，有幸单独与霍普聊了十几分钟。谈话的很多内容都已经忘了，只记得霍普告诉我，他目前的工作是脱口秀主持人，专职批评政府，这让我听后觉得相当不可思议。聊天过程中，他要求我给他讲两个中国笑话。对此我毫无准备，又担心选错了笑话，造成误解，导致外交事故，仓促之下，我给他讲了一个司马光砸缸的故事，霍普听完，没笑，被雷倒了，估计他一定觉得中国人的笑点难以理解。

霍普语言生动、富有创见，而我呢，讲个笑话像是被绊了个大马趴，表现很差。这事之后，我认识到在外事办工作不仅外语要好，还得掌握沟通、交流的技巧，以及外国文化和用词，才能真正幽默得起来。只有如此，你才能利用一切机会，以外国人能够接受和理解的方式，把中国的文化和历史，极富活力和创造性地介绍给外国人。

在外事办工作是我人生的第一份工作，也是相当重要的一段经历。作为外事工作者，很多场合都代表着国家形象，得时刻提醒自己说话做事要认真、细致、得体，要获得外宾的信任和尊重。开始时会觉得不习惯，觉得像是进入另一种行为模式，长此以往，就渐渐习惯了。

人生的第一份工作就像衣服的第一颗纽扣。这颗纽扣系得好不好，会影响甚至是改变一个人的一生；反之，如果系好了，就会为自己建立起一套出色的做事和思维方式。在我看来，一个人最宝贵的财富莫过于那些从一开始就养成的好习惯；相反，一个人人生最严重的败笔，大多是坏习惯累积而引发的质变。

在外事办工作的几年，使我从思想封闭的状态中走向开放，了解到世界之大，毕竟外事办的工作给了我奔跑穿梭于全国各地的机会，拓宽了我的眼界。渐渐地，我怎么看武汉都觉得小，心中便向往着更大的地方。当时的条件下，出国的念头自然是不敢有的，但我已经懂得把握自己的命运，便想着通过考研打进北京城，开阔一下视野。

我在北京当"倒爷"

　　1980年，我考上了北京广播学院（现为中国传媒大学）新闻研究所研究生，无数个日夜的辛苦备考，终于换来了期许已久的回报。此后三年的生活，广院的核桃林、白杨树，还有那首校歌《校园里有一排年轻的白杨》，深深地印刻在我曾经激情与温情交织、充满理想和梦想的年纪，使我一生难以忘怀。

　　在班上，我年纪倒数第二，同学中有很多"老三届"的大学生，不少已经结婚生子，他们在人生最宝贵的十年里失去了读书的权利，因此对这迟来的学习机会格外珍惜。他们的学习劲头已经不能用刻苦来形容，用发狠来描述都嫌不够。晚上熄灯后，我早早上床睡了，他们还在水房里、走道里看书学习。早上五点半，这帮在水房、走道里夜战的好学生，在闹铃声中准时起床，背着装满书的军用小挎包，继续跑出去读书。

　　当时的我，每天都像生活在励志大片里一般，周围全是读书读红了眼的主儿，恨不得把上厕所的时间也省下读书。在玩命读书的氛围中，我却没有跟风，而是开始独立思考自己要走的路。

首先，我不赞成蛮干式的学习，对我而言，那是一种对宝贵时间的浪费。跳舞、恋爱、乒乓球、骑着摩托在北京城四处晃悠，我的生活里还应该有这些内容。

其次，通过自己第一份外事办的工作，我不认为死读书对一个人的未来发展能有多大的作用，学习的方式有很多种，不局限在学校里。

偌大的北京城，要想出人头地，光靠死读书行不行？或许有人行，但概率很低。当时改革开放已经轰轰烈烈地展开了，挣钱的路子多了起来，好多新事物遍地开花，我便认定要想在北京闯出名堂，一定要深度融入社会，从社会中找机会，而不是抱着书本等老天开眼。

如何实现我的北京梦，是个技术活儿，更是个艺术活儿，既得认真思考，也得敢于拼搏。

通过仔细分析，我决定按照以下的步骤，一步一步去尝试。

第一步，找关系。中国是人情社会，作为一个刚来北京上学的学生，我在北京能找到啥关系呢？我是没有，可我父亲有啊！父亲虽然走得早，可他的老战友们还在，很多都还在北京身居要职。

于是，我遍访父亲在京的老战友。父亲的战友看到我都很高兴，我的出现使他们重新回到硝烟弥漫的岁月中。他们深情地回忆与父亲并肩作战的年代，以及战友间的真挚感情。出于对父亲的怀念和情谊，父亲的战友们对我也很亲热，不仅热情款待，还叮嘱他们的子女跟我好好相处，把老一辈的那份感情在下一代延续下去。

从情感的角度看，通过与父亲老战友们的交往，我对早逝的父亲有了更多的了解，对父亲和他所处的那个时代有了更深刻的认识，也与父亲战友们的下一代结交了友谊。这种有着家世渊源的友谊，往往有种天然的紧密和稳固，也消除了我对北京的陌生感和孤独感。

从现实的意义讲，通过遍访父亲的老战友，等于认识了一批在位的领导，自己的人脉圈实现了拓展，通过和他们的交往，我自己也成长得很快。后来我总结，年轻人要学会跟年纪大的人交朋友，这样对于自己增长见识大有裨益，也能发现很多同龄人给不了你的机会。

第二步，打地基。要想毕业后在北京扎根，得找个北京单位，当时本科生毕业不少都能留京，研究生更不必说。因此对我来说不难。只是，除了单位，自己也该有套房子啊。可我是个穷学生，怎么可能有买房子的钱呢。

当时房产商品化程度低，房产买卖比较少，换房的情况倒是很常见，我家在武汉有多余的一套房子，我便天天跑到房地局查看换房信息，找机会看是否能将武汉的那套房子换成北京的房子。

这么一跑，机会还真被我撞到了，有户北京人举家迁往武汉，想拿自己在宣武区虎坊桥的房子换一套武汉市区的房子，我因为一直关注换房信息，第一时间跟她取得联系，并最终成功交易。就这样，我在北京二环内有了一套房，一个小两居室，至此，我的北京梦算是有地基了。

第三步，挣大钱。20世纪80年代有个特征，人人都有激情，是继往开来的激情，是甩开膀子挣钱的激情。当时做生意的人挣钱最快，因为物资非常紧缺，只要你有路子弄到好东西，不管是鞋子、手套，还是电视、钢材，出手很容易。当时给我的感觉是，买东西不论贵不贵，只问有没有。

　　我觉得自己有路子、有房子，就差挣点钱了，于是也就有了做生意的想法。我那时野心大，看不起小打小闹，第一个想法便是倒卖摩托车。20世纪80年代，摩托车是富裕的象征，毫不夸张地说，骑着一辆摩托车，再配一个双卡录音机，走到哪儿，都能引来啧啧赞叹；随便停哪儿，都会有人投来羡慕的目光。那时骑摩托车的感觉，比现在开奔驰、宝马还要威风得多。80年代真是一个疯狂的年代，物价天天在涨，各种货品供不应求，同样，我相信只要能弄到紧俏的摩托车，就很容易加价卖掉。

　　经过分析，我总结出倒卖摩托需要具备的三个条件：一是在市局车管所要有关系，低价收来的手续不全的车，要上到户并办下入城证。这方面我可以求助于父亲的老战友们，依靠他们拿到军人通行证、铁路运输三联单没有任何问题，有了这些手续，我就能从广东把摩托车运到北京，然后把摩托车上好北京牌。二是要懂车，不然容易上当受骗。真正分门别类地搞懂摩托车，并了解好市场行情，才能做好倒卖摩托车的生意。三是要会修车、装车、做车，至今我还记得怎么做这些活，比如，消声器改造、汽缸气环除积炭、清洗化油器、改空滤、调电子正时、调气门……

　　掌握了以上三个条件，我就大张旗鼓地开始行动了。我从广东购进4000元的摩托车，运到北京来卖8000元。两单生意做完，我自己就挣回来一辆摩托的钱。

　　1982年前后，我拥有了两辆顶配的本田CG125摩托车，那是当时北京最高档的摩托车，耐用，省油，扭力大，四冲程风冷单缸，前后鼓刹，有独立的速度表和转速表。这款车子直到现在还有很多"影子"。现在很多国产摩托车厂家都是模仿这种古老的顶杆机。有了本田 CG125 后，我有事没事就擦车，开在街上爱按喇叭，似乎想提醒人们：咱终于屁股后面冒烟了！咱是北京的上流社会了！

　　从事倒卖摩托车生意，使我成为 80 年代初"倒爷"群体中的一员。"倒爷"是那时经济生活中新出现的群众语言，主要是指那些在改革开放后，在流通领域中倒卖各种商品的个体经营者。"倒爷"这个名儿，比"二道贩子"文气，又比"做小买卖的"贴切。那时候的"倒爷"队伍鱼龙混杂、形形色色，基本都是个体户出身，穿着流里流气，行事匪气十足，像我这样高学历的研究生"倒爷"极其罕见。

　　我曾想过，如果当时我不出国，而是留在国内发展，会有两种可能，一是发大财了，我自信不会轻易错过改革开放 30 年进程中的无数次黄金时机，只要抓住机会，会比在美国更容易干出一番事业；二是进局子了，我那时年轻，敢闯敢干，没准会因抓一些灰色机会而埋下祸患的种子，保不齐就有牢狱之灾。事实上，当年跟我一块儿玩摩托车的，都是北京最早一批万元户，可后来有的吸了毒，有的坐了牢，真正做大做强的没几个。从这个角度看，我出国还是正确的选择。

　　在读研期间，除了按部就班地闯荡社会，实现我的北京梦，在校园里，我也表现得很活跃。我外语好，又在外事办工作过，所以广院很多外事活动，学校都会找我当现场翻译。我也总是积极参与。我还曾主持过很多有老外当观众的表演，甚至有一次还全程接待过来北京拍摄专题片的俄亥俄州电视台的一行人。

除了在外事活动中抛头露面，我和哥们儿老丁还是广院当时的舞会明星。当时广院开舞会，一般都是临时征用食堂作场地。那时的女孩个个素面朝天，身材含蓄，有那种 80 年代所特有的美。

我和老丁在那个美好的年代尽情展现青春的舞姿，也总有很多女舞伴，现在想来，那是一种多么难以言说的幸福！当时的学生宿舍，只有传达室有电话，我也成为传达室老头呼叫接电话频率最高的男同学。传达室老头是山东人，他在一楼东头，我住西头，每次有我电话，老头都站在宿舍楼下，声若洪钟地用山东腔调吼道："李中子，电话！"

说来惭愧，在广院的日子，与学习无关的事，我都干得挺好。但是与学习相关的事，就不太乐观了。好在我跟老师处得好，好到他不好意思给我打低分；跟同学处得好，好到可以肝胆相照全力帮忙。就这样，我的成绩倒也没有掉队。

20 世纪 80 年代的我像个充电器一样，一只脚留在课堂，另一只脚踏进社会，努力将学理研究与社会实践相结合。80 年代的年轻人会实实在在地感觉到，这个社会的变化跟自己的努力有关。80 年代的年轻人有着一种理想主义的情怀，一种开放的胸襟，有嬉皮士的放任，也满怀着精英野心。我深深地认为，我与那些苦读书的同学，其实在精神上是有共通性的。做的是不同的事情，但互相呼应，同气相求。80 年代的年轻人对友情的重视和依赖，和中国传统伦理观念有很密切的继承关系。那种友情是一种烫人的纽带，非常活跃的思想生活，充满了激烈的冲突与争论，同时又互相激励，时至今日，仍然让我充满怀念。

那时候，我也深深明白，通过应试教育选拔出来的我们，一定要像从熔炉里取出的液态玻璃，可以旋转拉长，可塑性强了，才会有更为广阔的前途。千万不能像上了釉彩的出窑瓷器，不小心碰撞一下，不是破裂就是刮伤。

第二部分

梦想起航

出发，奔向美利坚

　　研究生毕业后，我留在广院当老师。开始的时候我没有代课，而是去中央广播台、中央国际广播电台、中央电视台分别工作了半年，这一年半的时间一方面使我开阔了眼界，增加了传媒领域的实践经验；另一方面，我也想看看中央台是否比广院更有发展前途，是否值得我想办法调过去。

　　不过对于究竟是调去中央台，还是留在广院，我并没有太放在心上。当时的我比较膨胀，虽然还不到 30 岁，但自我感觉已经是北京城的上等人了。在玩摩托的万元户圈子里，我的研究生学历是最高的，而且还在广院当老师，身份听着多上档次；在知识分子圈子里，我算是相当会挣钱的，还没毕业，就有一套二环内的房，还有好几辆摩托，跟我一块儿玩的不是高干子弟，就是万元户，路子都挺广。现任凤凰卫视的主席刘长乐当时跟我很熟，他当时是广播学院他们那个班的班长，我是他们的外语老师，开始因为上课安排需要沟通，我们俩便有了很多的交流。和长乐交往后，发现我们俩脾气相投，在很多话题上都很谈得来。

插段题外话，我后来出国后，跟长乐见面的机会就很少了。20世纪80年代末，我在俄亥俄州读博士期间，接到长乐的一个电话，他人在得克萨斯州，要买两辆奔驰560回国。长乐发展的很好，我真心为他高兴。那次长乐时间紧，我们俩没在美国见上面。90年代初，我在美国又接到了长乐的电话，他在西雅图，要帮人买波音747回国。我心里赞叹长乐发展神速，不过五六年工夫，就从奔驰跨越式发展到波音747了。之后不久，在广交会的贵宾室，我和长乐又见面了，长乐告诉我，他在做房地产、加油站、码头之类的大生意。

广交会后，我和长乐八年未曾见面。直到90年代末，我们在北京紫金宾馆有缘再聚。那时，长乐已经是凤凰卫视的当家人了，他跟我聊了两个项目，一是把沃尔玛类型的大商场引进中国；二是拍摄海外华人精英的纪录片……

跟长乐认识有二十多年了，我觉得他之所以能有如此成就，原因至少有三：一是他有大的战略格局，买了汽车，买飞机；买了飞机，买码头；买了码头，买电视台……一直在进取，从不故步自封，不断开拓自己事业的版图。二是他洞察力非常敏锐，能用超人的前瞻性和预判性来看问题。三是他非常有亲和力，待人接物周到细致，重情重义，这也是他卓越人际关系处理能力的表现。

1984年前后，我接连赚了几笔钱，其中一次就赚了7000元的外汇券。我先解释一下什么叫外汇券，在20世纪80年代，为满足来华的外国人及归侨在国内购物的需要，同时又使他们区别于国内居民，国务院授权中国银行发行外汇兑换券。当时，外汇券是特权货币。有了外汇券，人们在中国就可以买到进口商品，可以在特殊的地方消费，如宾馆、友谊商店、免税店等；也只有在这些地方，人们才能买到当时被视为奢侈品的高档货——人头马的洋酒、万宝路香烟、彩电、瑞士手表，还可以换美元，这些都是人民币所没有的功能。

这笔钱赚得其实很容易，我只是帮美国大豆协会的会长翻译了一些资料，工作量在我看来并不大，只花了不到两个礼拜就完成了。在接受翻译工作之前，我并没有与大豆协会的会长谈价钱，我根本不知道他会给多少钱。因此，当我发现他塞在我包里的钱竟然是 7000 元外汇券时，我简直不太敢相信。要知道，当时普通上班族一个月也就几十元的工资，1000 元外汇券足以在北京二环内买套房了，7000 元就能买栋四合院了，我居然花了两个礼拜，毫不费力地赚到了很多人打拼一生才能赚到的钱。

那段时间，我帮美国饲料谷物协会的会长翻译资料，收到了一个价值 500 港元的银灰色录音机；教大豆协会的会长中文，赚到了 400 美元的学费……我在广院当老师，一个月工资只有 54 元人民币，可我随便赚点老外的钱，就数以千计，在毕业后短短一年的时间内，我靠给外事机构做翻译，教老外学中文，就赚到了 4000 美元，相当于我几十年的工资。

有了房，有了摩托车，有了好工作，还有了几千美元的积蓄，毫不夸张地说，我当时绝对属于北京城高标准的成功人士。然而，短暂的兴奋过后，一种空虚感席卷心头。那种空虚感像是一种失去奋斗动力的茫然，曾经憧憬的、想拼命争取的，很快都得到了，那接下来怎么办，就这样了吗？

　　思来想去，我决定出国读书，原因有三点：一是出国读书是一件充满挑战的事，尤其是在那个没有互联网的年代，出国读书就像是去见一次外星人，意味着你将超越自己现有的认知，到达一个全新的境界。在我看来，求知欲实在是一种让人无法抵御的欲望。去国外读书，很多人的确是为了探寻未来，为了追求另一种生活。去国外读书，不论是收获善意，或是直面艰难，对于没有经历过的人来说，终归是一种有吸引力的挑战。二是当时中国正迎来第一波出国潮，很多知识分子及精英，都将出国视作一种充满成就感的事。三是通过帮老外翻译资料，以及教老外中文，赚到不少钱，让我潜意识中有种错觉，那就是老外的钱好赚，这或许是我下定决心出国的一个重要诱因。

　　记得柳青在《创业史》里说过："一个人一生的道路虽然漫长，但紧要处只有几步，特别是在人年轻时候的几步……"我是个思定之便笃行之的人。既然准备了要出国，那就行动。我在北图查了资料后，向二十多所大学寄去了申请函。正在联系的过程中，我的机会和贵人来了。在美国，俄亥俄州立大学电视台 WOSU 沃兹台长带了两个摄制组来北京拍纪录片，北京广播学院负责接待，我是翻译。当时他们拍了七八个专题，包括杂技、教育、体育等，在帮他们联系拍摄对象，落实拍摄内容方面，我不辞辛劳，把配合服务工作做得相当到位，老沃兹对我的印象很好，临别时嘱咐我，但凡有机会来美国，一定要跟他联系。

　　老沃兹听说我想来美国读政治学的研究生，主动提出帮我联系俄亥俄州立大学（Ohio State University）。后来我才知道，美国的很多电视台都是挂靠在大学里，跟大学的关系非常密切。两天后，老沃兹从美国给我打来电话，让我不要再申请别的大学了，他已经申请好了，政治系将会录取我。

政治学这个专业是我选的，因为当时我的志向是从政。由于政治和人们的生活息息相关，它的功能主要是公民教育、公共机构教育、政策研究和指导、参与公共事务等，所以这门学科在我看来是可以承载我理想的。

20 世纪初，政治学逐步在美国的大学以及研究所里面扎根，成为大学专业教育和学术研究的重要组成部分。在我当时看来，自美国总统大选以来，关于美国政治的言论，以及研究就深深地影响着世界，每次美国总统大选都成为世界性的大事件，对于志在从政的年轻人来说，在美国学习政治学，亲身接触美国的政治实践，是激动人心的事。

政治学是一个涵盖量很广的学科，比如，美国政治学（American Politics）、比较政治学（Comparative Politics）、国际政治学（International Politics）、政治学理论（Political Theory）、政治学方法论（Political Methodology）。学生可攻读本科学士、硕士和博士三种学位，我攻读的是博士学位，只要我修完博士课程，论文答辩合格，我将能拿到政治系的硕士文凭和博士文凭。

去美国学政治学，我觉得是找对了路子，学好了有机会经世济民，学不好也能混个一官半职，政治学在中国是显学，在美国应亦如是。再者，自己在美国是老外，语言肯定还是不行，学文学和新闻恐怕都没太大意义，自己以前做过外交工作，学学美国政治学应该不错。那时，我有种盲目的自信，觉得以自己的一身机灵劲儿，玩转美国应该不在话下。

出国前，我把4000美元的积蓄全部带上，还购置了两皮箱中国工艺品，有丝绸、景泰蓝之类的。我对这两皮箱工艺品非常看重，觉得要想在异国的老师和同学中打开局面，就靠这些中国舶来品，分别送出去，必将收获一堆好人缘，就像我曾经在广院做到的那般。

带着4000美元和两皮箱中国工艺品，我踏上前往美国的班机。我那时的心情可以说是踌躇满志，气吞万里如虎，各种美梦的图景挤满脑海，让我在漫长的空中旅行中，竟睡不踏实。直到飞机盘旋在美国领空，我切实看到了下面的美国国土，才兴奋起来，在心中大喊："美国，我来了！"在这里，我不仅要学习，更要奋斗，没错，就是脚下这片土地。

原以为靠我一口流利的英语，机敏的头脑，玩转美国大学不在话下。不承想，在俄亥俄大学上完第一堂课，我就彻底懵了。我英语虽好，但是在课堂上，教授语速极快，一连串从未接触过的专业术语飞出来，我根本听不明白。道理很简单，就像一个懂中文的外国留学生，如果第一次听到诸如"发改委""证监会"这类的术语简称，即便他中文语法学得再好，也肯定是听不懂、跟不上的。同理，我从社会主义国家穿越到美国的政治学课堂，大量的历史背景术语、简称，统统云里雾里。往往是老师叽里呱啦说了一阵，转向黑板，写了一行字，我立刻抄了下来。然后他又说了一阵，转向黑板，又写了一行字，我又抄了下来。一堂课很快过去了。下课后，同学们一个个地离开，只有我还一脸茫然地望着黑板发愣。准确地说，一堂课下来，我只有20%~30%的内容能听懂，实在是令人绝望。

我不仅不懂课堂上老师讲的简称和术语，更要命的是在中国学的那套思想正确的价值观完全被颠覆。美国的政治学教授不讲对错，没有国内那会儿放之四海而皆准的标准式判断，只讲知识，不分析社会意义、历史意义，极少提及普遍规律，完全用数字、统计、案例来分析政治，尤其是统计学教授讲矩阵式政治学，完全用统计数字来分析政治，将政治、选举模板化、标准化。没有熟悉的政治标尺考量，我极度地不适应，满腹祖国山河一片红的经纶完全派不上用场。确实，对于一个社会主义国家 80 年代的文科硕士，要瞬间穿越性地接受一整套系统、科学、数据化的美国政治学体系，难莫大焉。

美国政治学的学生入学条件比较高，必须 SAT 分数 1000 以上或者 ACT 成绩不低于 21，而且对数学和英语能力要求也不低，GPA 或者其他类似的英语能力测试必须达标。因为录取的都是高才生，因此在政治学课堂上，老师讲授的知识量、信息量都极大，列的参考书多得翻都没时间翻，着实苦了我这个初来乍到的中国留学生。

在学习上遇到了阻力，那在人际交往方面是否能蹚出条路来，我那两大箱礼物是否能为我斩获好人缘呢？答案是否定的。我带来的两皮箱礼物，本想送给教授们，借机跟他们拉近距离，联络感情。谁知道教授大多不敢收我的礼物，仿佛收学生的礼，如同接受一种贿赂。

记得我打算将一件丝绸睡衣送给一位政治学教授，老头很喜欢，看着料子跟我开玩笑说，穿上它睡觉会不会半夜滑到床底下。可要不要收下这件睡衣，老头拿不定主意了，思谋良久后，说："詹姆士，我现在不能收，我得回去问问我太太，听听她的意见。"我一听晕了，50 元人民币的东西，还请示老婆大人。现在想来，其实这是一种婉转的拒绝。

曾经让我玩转武大和北广的人际攻略，在俄亥俄州几乎是彻底失效了。不仅如此，美国人的做事方式和文化习惯让我觉得自己必须要调整中国式的思维方式，否则处处碰壁在所难免。举两个例子，有一次，教授布置一篇作业，要求每人写 5 页纸。有人大约才思泉涌，写了 20 页，教授看了前 5 页之后，就停下来，将后 15 页直接扔进垃圾桶。教授的评语是"你的开篇很精彩，但遗憾的是你没有写完……"教授的观点是要求每人写 5 页纸，这就是一种规则，你接受这项任务的前提是你得遵守规则，你写了 20 页，就是破坏了规则。如果我全部看完这 20 页，那就是默许了你对规则的破坏，这样的话，对别的遵守规则，只写了 5 页纸的同学而言，就是一种不公平。因此，为公平起见，我只看前 5 页，后 15 页不论你写得多好，也只能进垃圾桶。教授的做法代表了一种美国式的价值观，尊重规则，尊重别人。

另外一个例子是，我跟一位教授约好周三中午 12 点钟在他的办公室见面，谈点课上学习的问题。周三上午我上完课后，想着应该送教授一件工艺品，于是匆忙赶回租住的地方拿了一件中国工艺品，然后着急忙慌地赶回学校。最后，我赶到教授办公室门口时已经 12 点 5 分了。

年轻倜傥的教授说道："詹姆士，我们的会面时间原计划只有 10 分钟，可你迟到了 5 分钟。哦，现在已经过了 6 分钟了。好吧，你只有 4 分钟时间了，够吗？"

4 分钟讨论一个艰深的学术问题，这不可能，我问教授是否可以顺延一下会面时间，多给我几分钟，教授坦率地说："No，詹姆士，4 分钟后我还约了一个学生，他应该已经到门口了。"

　　唉，这一问一答又耗掉了 2 分钟。我无奈地问他："是否可以再约一个时间见面。"教授认真地翻了翻自己厚厚的记事本，我瞄过去，看到了各种日程表。教授翻了近一分钟，高兴地说："詹姆士，一个月以后的今天我们可以见面。"

　　我晕，一个月以后，试都考完了，这个问题似乎都失去讨论的必要了。我央求他是否可以将下次会面的日程提早一点儿。教授遗憾地拒绝了我，说时间已经排满了，只能等到下个月了。

　　10 分钟的时间到了，我只能离开教授的办公室。通过这件小事，我由衷地感受到美国是一个纯粹的资本主义国家，不会讲太多人情，做事就要尊重规则，要尊重时间，把时间举在头顶上过日子，做人要守时守信。一旦违背这个定律，你会处处碰壁。

　　残酷的现实像一套组合拳，重重地击打在我脸上，让我梦醒，美国不比北京，这里没有父亲的老战友，没有靠抖机灵就能得到通融的机会，没有熟悉的思维方式和价值观，我像是一个从负数开始努力的人，所有的艰辛已经在我面前逐渐展开。

与其冻死，不如冬泳

1985 年初到美国，我有 4000 美元，是作为一个北京上流社会成功人士的身份来美国读书的。真正来了，才发现这点钱实在微不足道，在美国只能算是赤贫阶层。我当时一个季度的学费就要 1700 美元，交过学费，兜里只剩 2000 多美元了，还要租房吃饭。

在哥伦布想租到便宜的房子很难，通过几天艰辛的寻找，我终于找到一个租金低廉的地下室。等去实地看完房子，顿时心凉了一截，潮湿狭窄不说，门对面就是一台巨大的烘干机，是 24 小时无间歇开转那种，在地下室这种回音很大的空间内，烘干机就像大货车一样吵。如果我住这儿，除非把耳朵堵死，否则别想睡觉。

实在找不到便宜的房子，我几乎是被逼着租了一个五居室，然后用尽全部力气将其中四间转租出去。经过转租和分摊房租，我才算是以相对低廉的租金解决了住宿问题。记得当时房子里空空如也，所有的家具都是我从街上捡回的。可即便如此，房租一付，我那象征成功人士的 4000 美元已经所剩无几了。

没钱肯定不行。我想通过打工来解决未来的学费和生计问题，可美国政府规定海外留学生只能在夏季才可以开始打工。如果你打黑工，就意味着违法，而且连社保号都没有，在俄亥俄州那样相对保守的地方，打黑工的机会也难以找到。

我的第一个学期是在艰辛的学习压力和漫长的适应中度过的，时间一天天过去，转眼第二学期就要到了。此时，我的积蓄仅剩几百美元，根本不足以支付新一轮次的1700美元学费。

第一次面对没钱的压力，我想到了放弃。在一个寒冷的夜晚，望着窗外的鹅毛大雪，我落泪了，这是我成年后第一次流泪。我对自己说，算了吧，还是别在这儿挣扎了，美国的学上不起，美国的钱赚不到，饿死他乡，有辱先祖。我还是回北京吧，好歹也算出了趟国，开了开眼，而且还剩下几百美元，足够我回北京买辆摩托车的（出国前，我满怀豪情，已将摩托车都处理掉了）。我觉得有辆摩托车，我还是可以在北京闯荡上层圈子的，也不至于太落魄。

家里知道我计划打道回府后，姐姐给我写了一封信。信中劝勉我，说我是家族里最优秀的孩子，能到美国闯荡已经很了不起了，家族里所有人都为我感到骄傲。如果遇到困难，家里会倾尽所有支持我。

姐姐的信让我感慨万分，我真正感受到了来自家人的支持，那是一种强大的力量，我决定为了家族的荣誉，选择坚持。人可以认输，但不能轻易认输，否则认输会成为一种习惯，伴随在你人生后面的关键点上。受到姐姐的鼓舞，我一口气想了几种可能让我继续留在美国的办法，打算全部试一遍，如果统统失败，那也就没有遗憾了，因为我已经竭尽全力了。

　　方案一，我去找系主任谈了心，坦陈自己遇到了经济危机，想问问系里是否有资助的机会，我是否可以尽快申请到。我是俄亥俄大学第二位来自中国大陆的政治系留学生，系主任其实打心眼里不想让我走。他思谋半天，说系里有个助教的职位，我可以试着申请一下。如果申请成功，不仅可以将学费免掉，还能多少挣一点儿钱，但他并不保证我能申请到。

　　提交申请两天后，我的邮箱里收到了助教任命函。我申请成功了，争取到了助教的机会，扣过税后能挣到 600 多美元。更让我高兴的是，有了助教的职位，学校免去了我的 1700 美元学费。学费的减免，让我如释重负，也增强了我在美国完成学业的信心。

　　方案二，我找了州电视台的台长——介绍我来俄亥俄大学的老沃兹，询问他有无兼职的机会可提供给我。老沃兹了解到我面临的困难后，热情地表示愿意全力帮助我，并爽快地给了我一个在电视台打零工的机会，这样每个月能赚到 400 多美元。

　　谢天谢地，我试行了两个最可能获得成功的方案，居然都幸运地获得了成功，其他八个就不用去试了，我终于可以留在美国求学了，虽然艰苦依旧，但我已经心无畏惧。

　　记得那时为了省钱，我买最便宜的面包，天天吃鸡肉炒圆白菜，因为鸡肉是超市里最便宜的肉，圆白菜是超市里最便宜的蔬菜。业余时间，顺便教一位美国朋友学中文，10 美元一小时，一个礼拜教一次，一个月下来，可以解决我的面包钱。平时一旦有难得的空闲时间，我就去散步，一边闲逛，一边捡家具。学校里有些富裕的学生会不断更新自己的家具，淘汰下来的旧家具，便被我这样的穷学生或者收垃圾的捡走了，既可以卖掉，也可以自己留着用。

从第三个学期暑期开始，我便可以正式打工了。第一份工作是在一家比萨店送外卖。

我的第一份工作并不顺利，店里的白人胖子经理有种族歧视，对我不太客气，甚至处处刁难。除了趁我不在的时候开饭之外，他还总是将路程最远的外卖单派给我。路程远意味着别人送两份外卖的情况下，我只能送一份；相应地，别人能收两份小费，我只能收到一份，流的汗比别人多，赚的却比别人少。这还不是最烦人的事，关键是美国是一个有高度发达商业文明的国家，客户十分讲究效率和质量，如果你送餐不及时，他们会认为你没有效率，将不再是你的回头客。美国的比萨店为了迎合消费者的这种习性，通常都会采取这样的做法，如果送外卖超过了规定时间，那就将比萨免费送给客户，损失会从送外卖者的工资里扣除。

由于我总是被派到路远的单子，因此总是因为不能准点送达而被扣工资。那段时间，我对白胖子经理恨之入骨，甚至连痛打他一顿的心都有。

每天晚上，我都会读书到很晚，睡眠严重缺乏，白天还得在比萨店方圆10千米内疲于奔命，还常因路远晚点而被扣工资。为了扭转这种被动局面，我主动向白胖子经理提出，我打算去谁都不愿去的贩毒区去送外卖。

这并非因为我勇敢，而是我分析过，给毒贩子送外卖，只要英文够好，能听得懂他们跟你打招呼，或者能通过聊天减少他们对你的不信任，一般不会有什么危险。给毒贩子送外卖，也有好处，他们来钱容易，给小费大方。记得当时的贩毒区周围电线上常常吊着一只只鞋，我后来才知道那是"有货"的标志。

除了毒贩子，黑人出手也很大方，只要他有钱。而白人和东方人一般按常规给小费，不多不少。小气的客人也遇到过，曾碰到过一个印度人，九块九毛九的单子，给十块钱，还说："Keep the change！"（请留下找头！作为小费。）于是我拿出一个1分，对他也重复了一句："Keep the change！"（请留下1分的找头！）

遥想当时，生活艰苦，不仅每天辛苦挣钱，而且还拼命省钱。听一个留学生说，打国际长途如果不到一分钟，电话公司是不charge（收费）的。于是，我给家里打长途时，不怕烦琐，前前后后一连拨打了18个不到一分钟的电话。

一个月后，电话账单寄来了，18个电话都收费了，而且还有税。我瞬间明白了，如果只打一个一分钟的电话，你可以跟电话公司说你没有接通，他们会相信你。可你不可能守着一个打不通的电话号码拨打18遍。这算是我花钱买了一个教训，美国固然是无罪推定的国家，但是建立在诚信的基础上，如果你一旦欺诈对方，付出的代价也是惨重的。不过，说到底还是没钱惹的祸啊！

在北京，我穿着西装，揣着外汇券，开着摩托车，演绎着各种嚣张；在美国，我身着工装，手端着外卖，开着破车，诠释着各种悲催，感谢这种落差对比强烈的生活，让我的人生多了一些沉淀，内心也多了一种饱经锤炼后的强大。

苦读博士，不拼基础拼勤奋

美国对博士的期望值和要求都非常高，远远高于硕士。一个 Ph.D 的学位就足以代表一个人在学术上的高度和地位。我见过一位美国博士，即便后来已获得生物界 chief scientist 称号，但他的名片上简简单单几行字中最醒目的就是名字后 Ph.D 的字样，美国博士学位的受重视程度可见一斑。

为了在美国扎根，能有个更高的发展起点，我在俄亥俄州立大学修完政治学硕士学位后，转而进入了政治学博士课程。

博士的考试形式是口试。一个密封的教室中坐着三位大教授，每人给考生出一个大问题，各 20 分钟，共计一个小时。考生在台上当场思考，在白板上画图分析，用英语讲解和回答问题。这里面其实一是考基本功，二是考心理素质和表达能力，后面这点对于很多中国学生来说不太容易，因为中国学生向来都是笔试，不太容易适应。相反，美国学生则擅长此项，他们从小得到的教育就强调 presentation 的训练，练的就是站在台上侃侃而谈的本事。美国是一个讲究沟通，讲究自我推销的地方。不论将来是从政，还是经商，都需要很强的表达能力，这样才能让别人认识你、肯定你，从而重用你。

我在美国就像是农民工子弟在城里上学，必须和一群启蒙很早、基础很好，且极其勤奋的城里孩子聚在一起竞争。只能靠自己的勤奋，埋头扎进俄亥俄州立大学壮观的图书馆里，不断地丰富自己。

读到了博士生这一步，我才发现自己读原著读得太少了。理论书和二手的文献批评好读，也不好读。要真正读透必须要有了解原著的底子，要明白人家的讨论对象，清楚人家怎样来分解剖析的。如果不理解语境，没有原著的知识，读二手书没有大的益处，索然无味。因此，为了拓展自己的眼界和见识，提高自己认识问题的深度，我在读博期间读了大量哲学和理论书，而且基本以原著为主。

说起来，美国的图书馆图书多，但各类书一查检索就能借到。图书馆借书的数量也没有限制，这一度让我很惊诧。时间久了就会明白，在国内，图书馆借书的出发点是有罪推定原则，即如果你不还怎么办？所以我得对你借书的数量提出限制；而在美国，一般采取的是无罪推定原则，即不会假设你不还书，所以对你借书的数量不设限，如果你确实不还，再狠狠地收拾你。例如，美国的发票都是商家自己开的，有些发票甚至是手写的，同样有效，但是如果一旦你想投机开假发票，被抓到后会被严惩不贷，你的个人信用记录上也会留下污点。

美国政治学的课程结构大致由演讲、小组项目、测验和论文等组成，并且随着结构和政策方面的转向，逐渐由静态分析转变为动态分析。博士在国际政治、比较政治及未来发展问题上进行深入研究，而且一定要有很多的案例经验和演讲经历。

当时，为了攻下博士学位，我真是受了大罪，每个月都有好几次，从晚上一直工作到早上 7 点，熬夜写论文。洗漱一下后出门，接着上一整天的课。

不是我勇于摧残自己，而是美国的政治学博士要求太高。美国人把政治学做成科学，大量的高等数学和统计学知识融入其中，需要你查阅大量的资料，运用数学和统计学知识进行模型设计和分析。美国人喜好标准化，甚至搞政治研究也如此，恨不得推演一种模板和程式来推导实践。

读政治学博士，涉猎的知识面相当广泛，首先，需要对美国的政治体系有深入的认识，比如，国会、政党、总统制、选举、利益集团政治、种族和美国政治发展、经济和政治、大众传媒和政府决策、最高法院和宪法、法律和种族等，你都得去学习和研究，以便对美国社会有一个综合系统的认知，我自己就考察过美国政治文章中总统制的内容和视角，这对于后来我留在美国闯荡大有裨益。

其次，读博自然要学各种政治理论：西方政治思想、民主及其批评、自由和平等、现代政治意识形态、政治行为中的经济理论、性别和政治、中国和日本的政治思想，这些理论性的东西，可以让人站在一个相当的高度上去思考问题，容易抓到事物的本质。后来，我发现不管干什么，只要迅速站在思考的制高点上，切入事情的本质，那么这件事终究是能干出成绩的。

再次，对比较政治和国际关系的学习，让我对世界其他国家的政体和政策有了深刻的了解。我们要学西欧政治发展、德国政治体系、斯堪的纳维亚政治、法国政治、发展中国家政治、日本政体、印尼政治、人权政治、国际法和国际组织、美国对外政策、国际危机外交、国家安全战略、移民政治等，学了这些，对于我后来从事国际贸易，在不同的国家进行投资，与不同种族、阶层的人做生意有深远的影响，让我更容易对另外一个国家的政策环境进行评估和分析。

最后，在美国读博士还有一个收益是，在不愁生活的前提下，你可以把精力几乎百分之百地用来思考、探索和求知。这种贵族般的待遇只能持续到毕业，毕业了就要考虑工作、雇主、升职加薪，或者是去创业。

在读博期间，我在假期四处旅游，试图对美国的社会文化有更直观的了解。读万卷书，行万里路，老祖宗的话太有道理了。我每到美国的一个地方，都会尽量找机会与当地人聊天、交朋友，用嘴巴去交流，用耳朵去聆听，感受这个地方独特的人文风貌。

与此同时，我也充分调动自己的灵活性，寻找各种有利于发展自己的机会。我会积极与俄亥俄州的政治人物接触，去亲身体察从细微处体现出的美国政治。当然，我也会做一些中美文化的交流工作，政治系的系主任、政治学教授瑞普里去中国考察，我自荐当他的私人翻译。我还曾联系俄亥俄州的动物园去武汉考察中国金丝猴，并最终促成俄亥俄动物园与武汉动物园结成友好单位。我的博士论文也是用美式政治学分析工具来研究中国的地域政治，为了做好这篇论文，我专程回国做问卷调查，收集齐全样本后，用学到的各种数据模型和统计公式，来探究中国地域政治的普遍规律。

　　美国的博士教育让人最受益的地方并不在于让你增长多少专业知识，而在于教会你系统的思考方法。获得了方法，博士生们就会被要求自己去发现问题，探索问题，并且创造性地解决问题。有了方法，博士生们才能获得学术自信，在离开导师的时候也能独当一面，进而获得生活的自信，不论将来从事什么职业，也会懂得用知识解构实践，并最终实践。没错，学到通用方法论和思维模式，在我看来，是读博士期间的最大收获，也是我为自己这个博士学位引以为豪的真正原因。

参与政治，亲见州长与总统

对于中国留学生来说，想要在美国拿到政治学博士学位并不是一件轻松的事情，导师不仅要求你博览群书，还要求你学以致用，要在学习过程中多实践，这其中就包括积极融入美国的政治活动，亲身观察并感受，汲取经验并沉淀升华。

一次，俄亥俄州时任州长在家里召开派对，我作为俄亥俄大学政治系的留学生，有机会参与进去。

政治人物召开这种精英派对跟电视里演得差不多，大家端着酒杯，三五成群地寒暄，笑声阵阵。期间，我发现了一个小细节，参加派对时每个人胸前都别一张胸卡，写着自己的名字和身份。很多大的社交派对，因为多数人彼此不认识，别张胸卡，是为了方便交流。

州长走到我面前，像是见到老邻居般亲切地问："詹姆士，你从哪儿来？"我着实吃了一惊，堂堂州长，这要是在中国就是省委书记、省长啊！怎么会知道我的名字？纳闷中我慌忙作答："我来自中国，在俄亥俄大学读政治学博士。"州长说："哦，太好了，我邀请你当我的选举观察员。"我听了自然很高兴，有机会体验美国的州长选举，对于一个政治学博士来说，是再好不过的实践机会了。

几个月以后，果真等到州长大选了。我打电话到州长选举办公室，州长的女秘书接通电话，我告诉她，州长曾提出邀请我当他的大选观察员。女秘书让我稍等，在电话那头，好像在翻阅着什么，两分钟后，她告诉我："很遗憾，詹姆士，在观察员邀请名单上没有你的名字。"我听后也自然理解，州长很可能当时只是应景一说，或许并没有打算真的邀请我当他的大选观察员。

这件事过去一段时间后，我开始感到后悔，当时我不应该轻易放弃，应该向电话那头的女秘书再争取一下，甚至我可以要求她再问问州长，看州长是否记得他曾承诺要请我进入大选观察员名单。或许还是被拒绝，但我起码没有遗憾了。这事算是一个教训，我告诫自己，即使面对 0.1% 的可能性，也要努力争取。

我的好朋友迈克·来普是老实巴交的美国人，也是俄亥俄共和党的活跃分子。共和党在俄亥俄州的重要党务活动，迈克都会提前知道消息，也会及时通知我，希望我有机会更深入地了解美国政治。

有一次，迈克让我和他一道去哥伦布机场，作为共和党的俄亥俄代表，去迎接布什总统，就是老布什。老布什当时面临大选，特意来俄亥俄州拉选票。我一听，觉得挺好，来美国留学，能跟美国现任总统打个照面，被亲自接见一下，也是很光荣的事啊。

那天，我和妻子罗历歌跟随迈克来到哥伦布机场。去机场迎接老布什的都是共和党的人，有几十人。我们到的比较早，站在了最前排。等了一个多小时，老布什乘坐一架波音飞机降落在机场。

　　美国的头号人物下了飞机，径直走到了我和历歌面前，我赶紧和他握手，历歌则忙着给我们俩照相。我清楚地记得老布什的手冰凉，不知什么原因，我边握手合影，边对老布什说："总统先生，我是专门从中国赶来支持你的。"老布什一听，笑着挑了挑眉毛，连说："Good，Good！"

　　那天照了好多相，光我和老布什总统的合影就有好几张，那真是一个值得铭记的时刻。

　　见过老布什总统的第二天，我和历歌带着胶卷到照相馆去洗照片。过了几天去取相片时，店主遗憾地告知我，胶卷是报废的，一张相片都没能洗出来。我听了，差点气吐血。

　　迈克知道这件事后，说道："我严重怀疑照相馆的老板是民主党人，如果是共和党人，这卷胶卷未必是报废的。"我觉得迈克说得有道理，可这种无头暗亏，除了自己消化，又能如何呢？！

　　读博士期间，我参加了很多政治活动，近距离地接触了很多美国政治人物（后来我还曾见过卡特总统和克林顿总统），感受他们的风采和气度，还给朱明瑛在俄亥俄州的专场演唱会当过主持人。在我看来，这同样是一个难得的学习机会，学到的可能不是具体的知识，但却积累了一种难以言说的感受和阅历，这种经历多了，我对美国政治的理解，乃至对整个美国社会的理解都变得更加深入了。从我后来的经历看，我取得的一些成绩，很大程度上都得益于我的这种理解，我深深明白，只有对美国政治有了深刻的理解，我才能够在后来的商业活动中真正做到游刃有余。

历歌，从人艺台柱子到创业铁娘子

　　我的妻子叫罗历歌，外祖父是锡伯族，外祖母是满族，因此她是满汉混血人。历歌出身演艺世家，她的父亲是空政歌舞团的歌唱演员，参加了 1963 年《革命历史歌曲表演唱》和 1964 年《东方红》的创作工作，所以给她和她妹妹分别取名罗历歌（历史歌曲）和罗东红（东方红），以示纪念。

　　历歌 1963 年出生，1981 年考入北京人民艺术剧院演员班，当时的主考官是蓝天野，1300 多人选 5 个，历歌竟然考上了。进入演员班后，代课老师都是于是之、郑榕、朱琳这样的大腕。历歌对表演有天赋，朴实自然，未毕业即在《吴王金戈越王剑》剧中扮演女主角西施，获新编剧目表演奖。或许也是她演过西施的缘故，历歌当时被认为是人艺最美的姑娘之一。

　　历歌毕业后即留在北京人民艺术剧院，专业从事话剧表演。1984 年，在话剧《家》中饰演女主角瑞珏，夺得第二届戏剧表演梅花奖。她是人艺 1981 班里第一位获得梅花奖的同学，在人艺的时候也是重点培养对象。后来历歌在话剧《流浪艺人》中一人分饰两角，出演母亲与女儿；

在《WM——我们》中饰知青白雪；在《北京人》中饰素芳等。

按照现在的话讲，历歌当时算是人艺的腕儿了，她演西施的时候，宋丹丹和王姬站在她身后，演宫女甲、乙，连名字都没有。宋丹丹后来回忆，自己当时站在历歌后头跑龙套，连句台词都混不上，只能做顺从状或惊恐状的表情。多年后，宋丹丹笑言，当时的演艺生涯憋屈坏了，整天在台上只能看着历歌的背影，偷偷背着历歌的台词，傻傻地当着背景，只能天天盼着历歌生病，好有机会篡夺一把女一号的位子。直至多年后的今天，宋丹丹依然能分毫不差地背出当年历歌的台词。

历歌在人艺出了名，找她拍影视剧的人也多了起来。历歌先后饰演过电视连续剧《莎菲女士的日记》（根据丁玲同名小说改编）的女主角莎菲女士，《紫禁城里的大学生》中的大学生文华（曾获电视剧十佳演员提名），电视连续剧《末代皇帝》中的女主角婉容皇后，《强台风从这里经过》中战士丁大勇的未婚妻，电影《八旗子弟》中的邬大奶奶等。直至1987年她被我安排到美国，才中断了辉煌的影视人生。

北广读研究生期间，我在食堂的舞会上认识了历歌。当时北京城能跳舞的地儿很少，北广食堂的临时舞厅虽然简陋，但也算是当时的时尚风向标。历歌和她的同事听说北广有化装舞会，想来看个新鲜，顺带观察、体验一下生活。当时她们俩为了省公共汽车票钱，蹬着自行车从二环一直骑了十几公里路到定福庄！想想当时的演艺界大腕好朴实，为了参加个免门票的舞会，甘愿蹬40多分钟的自行车。

我和老丁是北广舞会的超级达人，逢场必到。那天看见有新人来，还是两个相当漂亮的姑娘，便想上去认识一下。我自认性格外向，可老丁算是外向人中的外向人，还没等我反应过来，老丁已经向历歌伸出了邀请的双手。

正当我心生惆怅时，老丁回来了。原来仗义的老丁是替我摸底去了，他告诉我历歌是人艺的演员，让我抓住机会。我心头大喜，迅速调整好自己的状态，表现出一副绅士模样，轻声细语地向她发出邀请。

就这样，在北广食堂因陋就简的舞会上，我和历歌相识。两人认识之后，倒都没有往谈恋爱的路子上想，当时历歌正处于演艺事业的上升期，我则忙着学习、倒摩托、飙摩托、挣老外的外快。我们成为彼此欣赏的朋友，却一直没有相恋的念想和契机。

这之后不久，我就出国了，两个人似乎更没有走到一起的可能性了。但我们彼此一直保持着联系，我每次回国，也总会去见见历歌，叙旧是假，显摆是真，毕竟历歌是个明星了，我回国能会会她，也是挺有面子的一件事。

在俄亥俄州读研究生时，我突然意识到自己已经三十出头了，该成家了。一个人在美国闯，孤独倒是可以忍受，但是成家毕竟是头等大事，这么一直没有着落，母亲该多不放心！那找谁成家呢？想到这个问题时，我脑子里第一个蹦出来的人，就是罗历歌。

我和历歌相识3年，尽管每次回国都以朋友的名义相聚，可我回国一共也就四五次。我对她一直很有好感，长相漂亮，性格也正直侠义，我相信她对我也是有好感的，但似乎还没到喜欢的程度。在她眼里，我远赴美国读博，敢闯敢拼，值得尊重，愿意与我做个朋友。我判断，她当时对我的真实印象大抵如此。

　　我想要追求历歌，可每次回国短暂的停留时间，不足以使我追求到她。何况以历歌当时在国内的走红程度，追求者云集，不乏各种青年才俊和高干子弟。若干年后，我和历歌盘点过当初她的那些追求者们，有的已成长为副省级干部，有的成为亿万富翁。我便想，当初我面临的竞争压力可真够大啊！

　　我是个相对理智的人，简单分析后觉得在有限的时间内，要想把女明星罗历歌同学拿下，难度堪比六合彩中头奖。靠真诚告白成功的可能性基本为零，靠经济实力打动她也不现实，我只不过是个混迹美国的穷博士。

　　怎么办？思来想去，我想到一个办法。我当年之所以丢下自己在国内优渥的生活，跑去美国，不就是想圆一个充满未知和奇幻色彩的美国梦嘛。在出国潮风行的80年代，历歌也应该有个出国梦吧，那么就用出国梦诱惑她，争取把她"骗"到美国，那样的话，我无疑更有把握些。

　　计划订下来后，我便找了个机会，随一个美国访问团回到国内，想为了自己的爱情全力去搏一把。命运总是会嘲弄各式各样的野心家，回到北京，我还未来得及试穿自己从俄亥俄州带来的西服，一场重感冒将我击倒在家，我持续高烧，连下楼的力气都没有了。

　　我曾特意告知历歌我回国的事。历歌在电话里得知我生病在家，无人照顾，于是很仗义地跑来给我做饭，照顾我。人于病榻，分外脆弱，能遇到如此侠义美丽之女子，那种好感算是烙在心底了。我一边喝着历歌给我熬的中药，一边心里暗暗发誓，此生一定要娶历歌为妻。

　　努力也好，生病也罢，其实都是冥冥之中的安排。得历歌之照顾，我在不到一周的时间里，感冒顺利痊愈。身体好了，我便开始盘算怎么跟历歌开口。

那天晚上，我穿着合身的西服，打着显眼的领带，尽量让自己怎么看都像一个钱包殷实的归国华侨。那时候，归国华侨就是顶级成功人士的代名词。我身着盛装，诚挚邀请历歌来北京当时最高档的西餐厅——北京中信大厦顶层西餐厅共进晚餐。

我将自己在美国练就的演讲口才超水准地发挥在那晚的饭桌上。在我的一番"蛊惑"下，历歌的出国梦被成功激活，她坦言自己在中国已经是一线演员了，再没有台阶可上。如果去美国，没准有机会能在好莱坞闯荡一番，继续追求更高远的梦想。

和我这个伪成功华侨一番高谈阔论后，历歌似乎已经有了去美国留学的决心，开始询问我出国求学的细节，自己该做何准备，我又能提供什么帮助。我自信以我对俄亥俄州的熟悉程度，以及自己流利的英语口语，给历歌谋求一个访问学者的机会，应该不难。

晚宴结束，我掏出一张信用卡，让服务员刷卡结账。中国在 1987 年底才发行长城信用卡，而且还是外汇券结算信用卡，普通人根本就不认识信用卡。历歌看我用一张小塑料卡片就结了账，她感到很惊讶，忙问我这是什么玩意儿？我轻描淡写地说："哦，信用卡，我们在美国花钱都用这个。"历歌被这么高科技的东西镇到了，怎么也理解不了，钱怎么能浓缩进一张小卡，而且卡上连个数字都没有。

虽然我在餐桌上激活了历歌的出国梦，可之后的进程却又充满了周折和反复。历歌家里人的不同意见，人艺领导的挽留，以及历歌自己也犹豫不决。历歌出国与否的决定，历经了几轮次的反复，我的心情自然也伴随这种反复起起落落。一会儿说要去，一会儿又说不去，我被折腾得忽喜忽悲，以致历歌最终做出出国决定时，我根本不敢当真，直到她拖着皮箱出现在哥伦布的机场，我一颗被折磨许久的心才落了地。

在历歌决定是否出国的这段时间，我和她在情感上的距离不断拉近，彼此的牵挂越来越多。我总觉得一见钟情容易一拍两散，只有通过共同经历事情，不断增进了解，磨砺出来的感情才会有滚烫的温度和坚实的底蕴。

1987年，历歌以俄亥俄州立大学戏剧系访问学者身份来美国后不久，就和我结婚了，证婚人是一对美国基督教夫妇。因为经济状况窘迫，我们的婚礼很简单，却分外庄重。直到那一刻，我们才发现其实出国这件事只是一个借口，我们其实是利用这个借口来共同做一件事，释放对彼此的好感，增进对彼此的了解。说到底，出国只是个由头，归根结底是我们想在一起。

和历歌结婚后，我们在哥伦布租住的房间终于像个家的样子了，换上了新床单和新枕套，箱子压着箱子，铺上一块小台布，就成了一张小桌子。虽然有家的感觉，但毕竟是租来的房子，家具也是捡来的，感情上稳定了，生活依旧窘迫，我只能利用学习之外的时间，更努力地打工，毕竟现在是两张嘴吃饭了。

历歌看着我每天打工回来，从裤袋里掏出一把皱皱巴巴的钱和分币，就往地毯上一坐，开始专注地数钱。记得婚后不久的一个晚上，我对历歌说："历歌，我现在给你上一课。我先从外形上教你分辨一分、五分和一角，然后再教你认这些钱上面的英文字。历歌，你要记住，在美国你是不能向别人借钱的，也没有人会白白借钱给你；别人借钱给你，首先要看你是不是有 Credit（信用），然后再计算利息，包括亲生父子也是如此。我们要付房租，付昂贵的学费，还有生活费，所以我们不仅要开源而且要节流。今后你的学费就靠这一个个 Penny（一分钱）攒起来。"

历歌后来告诉我，当时她听完这些后，什么美国梦，什么好莱坞，什么奥斯卡，顿时在脑海中碎得连渣都不剩。她彻底意识到，在美国自己根本不再是什么明星，说白了就是连英文都说不利落的贫下中农。曾经的万众瞩目、拥趸无数，以及随处可见四处投射来的艳羡眼神，已彻底与自己挥手告别。当下最为迫切的任务就是为挣钢镚儿奋斗，从一个又一个的钢镚儿中拼出面包，拼出学费，拼出房租。

既然上了美国这条"贼船"，嫁了我这个"忽悠家"，历歌再无退路，只能铁了心拼了。她为自己制定了一套学习方案，每天背十个单词，每晚看两小时电视。电视节目里电影、新闻，以及广告词里的生活用品和用语，都成了她学习的活教材。日积月累，她累积了相当可观的词汇量。渐渐地，电视里的节目、马路边吹进耳边的说话声，由陌生变得熟悉起来。信箱里的信件、账单，以及各种广告单，不用等我回来，历歌都能一一处理了。

在我们开始做生意之后，历歌又学会了开车。记得刚上路那阵，有一次，她把车停在了不该停的地方，结果被拖车拖走了。历歌拿着警察给她的罚单，无奈地回了家。

当我得知车被拖走时，大吃一惊，赶忙联系罚单上的电话。我知道，车被拖走后，如果不马上开回来，拖车费、管理费、停车费累加起来，将是一个绝对让我们头疼的数字。

我请了半天假赶到那儿，车果然在。工作人员拿出一份文件，在计算器上算了一会儿说："280元。"我听得心惊，这个钱数赶得上半个车的价格了。

我说我是穷人，能不能便宜一些。他说："对不起，价格是政府定的，你养不起车就别开嘛，公共交通那么方便，何苦呢。"我说："车我不要了，能不能不罚了？"他一脸严肃地说："不行，两码事，罚归罚，车不要的话，再交150元，我帮你送到废车场去。"我听完恨不得自己把那辆破车背到废车场去。

我和历歌在美国的生活就是这样一个沟一个坎儿地走过来的，在汗水和泪水的浸泡中，我们一点点地拼出了未来。后来，我们需要带着产品去全美各地去跑商品秀、礼品秀，还得四处去送货，所以必须用到卡车。无奈之下，历歌又学会了开卡车。

谁能想到，曾经的女明星竟然开着10个轮子的大货车在美国的州际公路上狂飙，甚至一开就是十几个小时。到达目的地后，她还要像个牛仔一样，将几十斤一箱的货亲自搬到客户指定的位置。

历歌最开始开的一辆卡车，底盘破了个大洞，低头便能看见路面。冬天开车的时候，空调开到最大，但脚和腿都是冻僵的。历歌苦笑，脸被空调吹成烫伤，脚被冷风刮成冻伤。

很多时候，历歌都是一个人在开长途卡车，为了防止自己睡着，历歌在眼皮打架的时候，就开始伴随着收音机里的音乐高声歌唱。长此以往，本来没学过唱歌的历歌竟也成了唱歌高手，还曾获得一个美国东部三州州卡拉 OK 比赛的亚军。

这个亚军头衔在我眼里弥足珍贵，这是一个心灵强大的女性为了生活，为了家庭拼尽全力的象征。她放弃了原本辉煌的人生模式，迎着艰难，获得了自己的幸福。正是这种敢于牺牲一切、全力打拼的精神，让她具有了更加结实的神经和承受更多压力的心脏。

有这样一位同甘共苦的妻子，此生足矣。

上法庭前，律师吓跑了

我和历歌在美国买的第一套房子，位于哥伦布的近郊，6 万美元的两层独栋，有草坪和地下室，贵倒不贵，可惜还是买失败了。白人房主没有告知我们房子存在的问题，一到阴雨天，地下室里水流成河。雨停之后两三天，地下室的积水都处理不掉。

按照美国的法律，对于房屋存在的问题，房主有义务如实告知购房者，如有隐瞒，购房者有权利要求退房。房子遇雨成河，当然算是重大问题了，我们便与房主交涉，要求退房。

房主自恃是本地人，便开始不讲理，说我破坏了房子的草坪，厨房的抽风机也掉了一块漆，根本不搭退房的碴儿。房主完全不讲道理，搬家的卡车不从草坪上开过去，怎么搬家具？至于那个已经有十几年历史的抽风机，掉块漆也算问题吗？如果不掉漆那真是奇迹了。

没办法，我给房主下了最后通牒，如再拒不退房，那只好法庭上见，房主傲慢地回应说："太好了，随时奉陪！顺便告诉你，我太太在俄亥俄州最大的一家律师事务所工作，你如果找不到好律师，我太太可以帮忙。"房主口气之嚣张，态度之恶劣，直气得我怒火中烧，便决心开打我在美国也是我人生的第一场官司。

房主没有说谎，他太太确实是在州第二大律师事务所工作。对此我很奇怪，这个房主只是个管道工，典型蓝领，娶个律师太太，多少有些不搭。不过房主蛮横固执的态度，倒颇有点律师范儿。

人家房主不用为找律师的事发愁，我就为难了。在美国，律师都是按小时收费的，而且都很贵，我那时刚买完房，手头正紧，我倒是想赊欠律师费，可哪有律师会干啊！这时，我突然想到一个人，可以免费给我当律师。迈克，共和党积极分子，彼时正在州政府当法律顾问。

迈克是个好人，一听到我遇到了难事，非常同情，可惜他觉得帮不了我，因为他在州政府当法律顾问是个虚职，他本人虽有律师从业资格，但却从未打过官司，属于站法庭脚会打哆嗦的那种。我边央求边鼓励他说："迈克，帮帮忙，好歹你做法律方面的工作，而且这个官司咱们占理，胜诉可能性很大，你肯定行的，我发誓。"我甚至诱惑迈克说："这或许是你成为一个真正律师的最好时机，把握住这个机会，将让你的人生上一个新台阶。"在我的劝说下，迈克勉强同意做我的律师。后来我也因此吸取了一个教训，不要勉强求助于一个懦弱的家伙，他一旦撂挑子会砸到你的脚的。

开庭时间定在下午两点。要命的事情发生了，迈克直到一点四十还没来法庭。我给他办公室打电话，迈克语气虚弱地告诉我，他担心审判结果使我不满意，因此就不来了，并预祝我一切顺利。

我一听简直要晕倒在地，差点想叫辆救护车来。顺利个屁，还没开庭，律师跑了，这官司怎么打？！没律师，这官司暂时不打行不行？当然不行，打官司在哪个国家都是件相当严肃的事，无故迟到或延迟都是不允许的，甚至会被认为是蔑视法庭，直接判输。

在法庭外，我茫然四顾，想在几分钟的时间内找到一个解决办法。办法没看见，只看到身边站着一个法警，还能求谁呢，只好咨询他了。我告诉法警，我的律师腹泻来不了了，我是否可以为自己辩护。法警说："完全可以。"我又问："美国的官司怎么打？"以前做人老实，在中国都没接触过跟司法有关的事，对美国更没概念。法警想了想，拿了张纸和笔，给我画了个三角形，告诉我，原告和被告分别向法官举证，由法官做出最终裁决，这就是构成官司的三角要素。好吧，不懂也得懂了，因为马上要开庭了，就让我打一场自助官司吧。

在法庭上，我是边学边干，叙述案情、举证、提请证人出庭、辩护。我准确细致地向法官讲述了购房经过，并将地下室漏水的照片呈给法官。讲述完案情后，我又提请了两名证人出庭，一名是搬家公司的工人，另一名是帮我搬家的同学，两人都做证，证实搬家过程中，卡车必须要开过草坪才能到达房门口，并非有意对草坪造成损毁。

我陈述、举证完毕后，对方律师开始做辩驳，从房主的角度开始说事。在整个审理过程中，我和对方律师有过几次激烈的辩驳，自我感觉还不错，英文功夫全发挥出来了，说得对方有点无奈。

案情不复杂，法官当庭做出判决，我胜诉，房主须退还我全部房款，还要赔偿因隐瞒地下室漏水情况而给我造成的损失。总之，我完全胜利，房主惨败。审理结束后，对方律师主动走到我面前，握着我的手说："詹姆士，你天生就是个好律师。"

　　后来我想，泥泞的人生路上，路途遥远，每当回头时，总看见自己的许多脚印。路上的脚印越多，心里便越充实。在美国打官司，赢得痛快，还得到了对方律师的尊重，要知道律师在美国是极受尊重的职业，被认为是有社会责任感的人才能担当的工作，能得到专业律师的赞赏，这绝对算是我人生中一个得意的脚印。

跳蚤市场点燃美国梦

在美国求学期间，我一直有个潜在的欲望，就是拿出我当年倒卖摩托车的劲头，在美国做点生意。做生意毕竟来钱快，只靠卖苦力赚钱，真是悲催无极限。虽然有这么一个念想，但是求学压力太大，尤其是美国的博士学位非常难拿，我只能将这个愿望先压在心底。

有一次，我意外地在俄亥俄州立大学里撞到一个做生意的机会，那是学生会组织的一个跳蚤市场，专门让俄亥俄州的留学生卖本国的工艺品。知道消息后，我和历歌赶忙拾掇家里的中国物件，把原本打算送礼的刺绣、丝绸睡衣、惠山泥人、双面绣、景泰蓝，统统拿到跳蚤市场上去卖。

出乎意料的是，我们的东西非常抢手，被迅速抢购一空，以致我和历歌不得不重新回到租的房子里，将所有跟中国相关的物件都运到跳蚤市场的摊位上，结果依旧很抢手。仅仅半天时间，我们就在跳蚤市场赚到三四百美元。

这件事虽然很快过去了，学生会也没有再组织类似的跳蚤市场。可东西被迅速抢购一空的盛况引发了我的思考,我努力想琢磨清楚原因。思来想去,我觉得有两个缘由:一是老美面对具有神秘色彩、民俗特色的工艺品出手很大方,外向、容易被调动的性格,让他们对有异域风情的东西有种天然的兴趣;二是当时的哥伦布市尚未形成唐人街,华人居住较为集中的地区有中餐馆,但在中餐馆附近,很难看到出售中国工艺品的华人店,以及比较有特色的装饰品。

在俄亥俄州立大学里做的这笔小小的生意引发了我的思考,也勾起了我曾经在北京做生意的回忆。突然间,我心底升起一种莫名的自信,觉得自己如果在美国做生意,一定可以做得很好。是什么理由支撑我这种自信的呢?却也说不清道不明,反正就是有这样的自信,甚至有一丝隐约的冲动。

没多久,圣诞节到了。借着和历歌一起逛商场的机会,我开始有意识地观察商场里的各种商业活动。美国人在激发销售欲望方面确实有一套,在商场里,大圣诞树上点缀着无数水晶玻璃做的薄雪花和各种各样五颜六色的装饰品,将圣诞将至的气氛渲染到极致。商场喷水池往往有十几个喷口,水柱高达两层楼。水晶吊灯密密麻麻,每个店面的橱窗都布置得华丽而别具特色。总之,就是要营造节日的气氛,让人们有采购的心情和欲望。看着如此到位的商业氛围,我按捺不住地设想,如果我来设计一个商业活动,又会有什么样的创造力呢?

之后的一段时间,我一边准备博士论文,一边开始了尝试性的商业实践。简单来说,就是拿着不同种类的中国工艺品,向一些礼品店的老板兜售。由于我英语地道,又善于沟通,所以很顺利地推销出几批货去。

有了订单后，我便打电话回国，让亲戚帮助组织货源。这个貌似简单的推销过程，其实还是有潜在含金量的，如果你的英语不够地道，如果你对与美国人打交道的方式不熟悉，推销工作便会变得很难。

几次规模不大的零散商业实践，让我进一步认识到自己的优势，就是作为一个中国人，我既对美国有着深入的了解，而且善于和老美打交道，能将自己的优势百分之百地发挥出来。毫不夸张地说，这种无障碍的对接沟通，很多留学生未必能做到，他们跟老美打交道，永远像隔着一层捅不破的窗户纸，总是差点意思。

记得有一次给一个经销商送货，货比较多，我就和一个白人兄弟一块儿搬货。搬累了，我们俩就席地而坐，一边喝水，一边聊天。白人兄弟问我打算在美国干什么，我回答："我博士毕业后，很有可能会留在大学里教书，然后尽量做出些研究成果，好能挣钱买房买车。"白人兄弟听了，摇摇头，说道："哥们儿，我没问你的前途和钱途，我问的是你将来的工作志趣和人生志趣。"

蓝领工人的一句话刺激了我，是啊，光想着如何在美国拼前途、挣钱途，哪里曾考虑过自己真正的志趣是什么？原来在武汉时，我的志趣是去北京城闯闯；去了北京，我的志趣又变为出国闯闯；好，现在我人在美国，那我的志趣是什么？我到底想在美国干什么？难道仅仅是霸占美国某一大学一小块三尺讲台，送走一茬一茬的学生，年复一年地重复讲着同样的知识吗？我未来的人生真的只是这样吗？如果只是如此平淡缺少改变，那我出国为了什么？何必吃这么多苦，受这么多罪？

我的博士论文写得很好，被美国国会图书馆永久收藏，也成功拿到了在美国深受尊重的政治学博士学位。我同时创造了一个纪录，成为俄亥俄州立大学历史上的第一个来自中国的政治学博士。导师对我很是欣赏，明确告知我，我在大学里任教前途光明。这意味着我终于有机会从美国社会的底层爬上来了，能成为这个社会的中产阶级了。

面对公认的好机会，我反倒犹豫了，心底回响的依旧是白人兄弟的那个问题：兄弟，你的志趣是什么？在美国当老师，稳定体面，坚持数年，我便可以从讲师升格为教授，可以讲无数堂课，接无数个课题，整天爬格子写论文……然后了此一生。这真是我想要的生活吗？以我的个性而言，显然不是。我似乎生来就是一个追求澎湃，享受挑战的人，我是一个军人的后代，我厌倦甚至痛恨缺少波澜的生活。

我也曾设想过是否要回国。但客观地讲，回国之后，我所学的政治学基本无法成为有用的资本，尤其是在改革尚未深化的80年代。回国之后，能让我学有所用的地方，可能还是大学，或是一些社科院之类的理论研究机构。与其如此，还不如留在美国当大学教授。

想来想去，一个大胆的念头冒出来了，那就是在美国经商创业。毋庸置疑，在美国这样一个商业社会，创业者、商人、企业家的地位甚至远高于政客，只要在商界取得成功，那在美国就绝对跻身真正的上流社会，所有人都会尊重你。更重要的是，在美国经商创业，充满了挑战和变化，可以最大地激发我的创造力，这一点又极为符合我爱折腾的个性。

当这个念头冒出来以后，我惊讶地发现自己竟然充满激情。我意识到我真正的人生志趣应该就是在美国创业，因为我可以确定一点，即便我创业失败，即便灰头土脸，我也毫不畏惧，因为我爱这种未知，我愿意挑战不确定性，或许艰难的过程本身就是目标，就是意义，就是志趣。

那么如果我选择创业的话，读了这么多年的政治学对我有帮助吗？答案是肯定的，好的知识是相通的，尤其是政治学本身就是与社会紧密相连的学科，你了解了政治，就认识了社会，而认识清楚社会，将有助于你找到创业的方向和灵感。并且你在政治学领域训练出抓住本质、善于沟通之类的优点，同样是创业最需要的品质。再说政治学是一门综合性质且思维辩证的学科，学好政治学的学生，大都具备比较综合的能力，根据自己的兴趣爱好来从事跟政治领域相关的经济工作，是相当正常的事。

谋定当笃行。思考成熟之后，我跟历歌恳谈了一次，说出了在美国创业的想法。历歌听后非常支持我，她觉得吃了这么多苦，又这么贫困，两手空空，更该无所畏惧。我当时定下目标：只要一年能赚到5万美元，那就是胜利，就不后悔。

小小健身球，自有大商机

　　抱着不走寻常路的决定，我开始在美国创业，而且选择了贸易行业作为创业切入口。这个听上去人人都熟悉的行业，其实并不容易，它是一个多变、复杂，且对快速反应有超高要求的行业，所有的一切对我而言，都是挑战。

　　放弃美国大学的老师不做，而是选择创业，现在看起来依然"疯狂"。在无法预知后果的情况下，凭着内心的召唤，我义无反顾地投入其中，并坚持不懈。

　　开始创业后，我和历歌在俄亥俄州注册了公司，租了一个100多平方米的平房，将这个平房既做办公室，又当仓库用。还买了辆车，是辆两厢雪佛兰，极其便宜，基本是收破烂的价格。这辆雪佛兰开起来没问题，就是漏电很严重，属于开上一整天，第二天早上肯定没电的那种。电瓶弱爆了，简直不应该叫电瓶，而应该叫大电池。换一个吧，舍不得花那个钱，还是不换，凑合用，无非是自己辛苦点，只要判断停放时间超过两小时，我就得打开引擎盖，把正极卸下来，让电瓶停止运行。待到重新发动车子，我再打开引擎盖，将正极搭上。

公司开起来，定位很明确，做一家贸易公司，寻找适合的中国产品，进口到美国来卖。利用自己对中国的熟悉和对美国的了解，找到能够在美国市场适销对路的中国货。那么，什么样的中国货会在美国适销呢，没有现成的答案，只能靠自己摸索。

最初，我从中国进口了一些耳环和项链，拿到美国来卖，结果因为经验欠缺，选的货不是足够有特色，惨遭滞销。一出手就遭遇滑铁卢，倒也没什么，凡事都要交学费嘛。后来我又想从中国找类似丝绸睡衣、泥人之类的工艺品拿到美国来卖。这样的东西虽然也早就有人引入美国，并不算特别稀罕的东西，可我不能一开始就不走寻常路，还是要通过做一些常规的贸易，来试试水，积攒点经验。

抱着找产品的目的，我专程回国去江浙一带找生产丝绸衣服和工艺品的厂家。连轴转地接触了几家工厂，大致摸清楚了价格，也基本明白了合作流程，我从这几家厂里选定了两家有意向合作的，想回到美国考察相应的报关手续后，便与它们签订合同订货。

结束了浙江之行，我回到了北京，会了会朋友。并受当时河北电视台体育节目主持人蔡猛的邀请，跑到石家庄玩了一趟。蔡猛是我的朋友，他是随河北电视台赴美考察时认识我的，我给过他们很多帮助，因此听说我回国，蔡猛要求我必须来石家庄玩一趟，让他尽尽地主之谊。

我和蔡猛从石家庄出发，开车回北京。那天中午，到饭点了，我们的车凑巧行至偏僻的保定郊区，根本找不到吃饭的地方。蔡猛看了看四周，说道："我想起来了，这附近有一家健身球厂，厂长姓王，跟我是朋友，我们去厂里吃他一顿去。"我问："啥是健身球？"蔡猛笑话我忘本，然后告诉我就是老头们爱拿在手里转的不锈钢铁球。我自然知道是什么，不过印象中这健身球北方人玩得多，我在武汉的时候很少见到。

健身球厂的王厂长人看着很朴实，好酒好肉地招待了我们一顿，知道我是从美国回来的后，自然给我普及了一番健身球知识。健身球是我国民间的传统健身保健器具之一，有石的、钢的、玉石的，另外还有一种景泰蓝健身球，主要生产于河北。健身球之所以有益于强身健体，在于玩球时指掌的适度运动，调节了机体经络。在清代，健身球属于皇族特供玩意儿，普通人禁止玩。

王厂长说："1984 年是健身球发展的一个重要年份。国家领导人在人民大会堂宴会厅把两对健身球送给美国总统里根夫妇。里根总统高兴地表示，一定要抽出时间练这个新的体育项目。"王厂长还天真地问我："有没有在美国的电视上看到里根玩健身球？"我说："还真没有见过，可能保镖怕他玩不转砸到脚吧。"

王厂长说："也是 1984 年，河北成立了健身球协会，专门研究健身球传统技法，先后整理出'双球旋转''多球旋转''空中抛接''多人对接''上下滚动'等多种运动技巧。"

王厂长找厂里玩得好的人，给我们现场演示了一番。看着健身球在手指间玲珑游转，发出悦耳、空灵的响声，我觉得很有意思。后来，我想如果里根把健身球带回美国后能坚持不懈地抽空儿玩玩，或许不会得帕金森。当然，我的推测毫无科学根据，纯属想象。

吃完饭，临分别时，王厂长送了我一箱健身球。虽然搬着挺沉的，但我还是将这箱健身球全部带到了美国。我隐约觉得这箱铁球或许是个机会，或许能在美国市场火起来也未可知。后来的事实证明了我当初嗅觉的正确性，做生意很多时候就得这样，抓住一次意外事件，或者别人的一个话头，深入挖掘，勇于试探，必有斩获。

我带着一箱健身球及其他一些中国工艺品回到美国，给几个熟识的经销商看。他们所有人都对健身球产生了浓厚的兴趣，觉得这两个小银球在手里把玩，还会发出灵动的响声，太奇妙了。

这几个经销商的兴趣让我嗅到了健身球潜在的巨大商机，一个产品能让见多识广的经销商觉得神奇，是极其罕见的事。一个俄亥俄州的白大个儿经销商，信心满满地下了订单，一个相当大的数字，我吓了一跳，问他进这么多，能卖出去吗？他很确定地告诉我没问题。我看他不像喝多了的样子，在我印象中，他是一个憨厚的兄弟，从不忽悠人。后来证明他身体没喝多，精神上喝多了，我差点被他一时兴起的大订单害得破了产。还有一个从安徽来美国闯荡的华人经销商，也下了一个硕大的单子，但货到之后，他选择了背信弃义，事实证明，杀熟是世间最残酷的一件事情。

经销商们的兴趣和鼓励让我对小小银球另眼相看，于是着手调查了解，看在美国还有没有人卖健身球。一调查便发现，中国台湾有个商人，是一个国民党中将的儿子，已经先我一步把健身球引入美国，只是并未普及开来，他只是将其作为健身器材销往美国的健身场馆，而且价格相当贵，一对卖到29美元。

这下我心里更有底了，台商卖的价钱太贵了，我在价格方面绝对有竞争力啊！我想只要备货充足，可以通过价格战把台商挤出健身球市场。激动之下，我向河北厂家订购了两货柜的健身球，成本高达10万美元。这让我后来吃尽苦头。细想起来，我这人做事有个特点，一旦动手就不考虑结果如何，不被情绪左右，而把注意力聚焦在解决问题上，心思都扑在怎样执行才能达到目标上。这种风格帮我做成了不少事情，当然也让我冒了不少风险。

经过一番等待，满满两货柜健身球漂洋过海，来到了美国东海岸的港口。按照规程，我应该筹集好货款，去银行交款，拿到赎单后，就可以去港口提货了。可我没有10万美元啊！只能去找经销商们商量，让他们先付一部分预付款，好让我把银行的提货赎单拿到手。

意外发生了，经销商们得知两货柜健身球已经到港，之前的兴奋劲和卖货雄心似乎消弭了不少，给我下的订单看着都寒碜，不是一箱，就是两箱，最多的一个订了四箱，统共订出去不到两千美元的货。

我心想，完了，收到的经销商预付款还不够付货柜的零头，我该怎么办？面对突如其来的打击，我感觉自己像是被鳄鱼咬碎了骨头。然而，事到如今，我已经没有气馁的时间了，只能硬将被咬碎的骨头拼合起来，一切从零开始，甚至是从负数开始，顽强地拼下去。

我抱着试一试的心态去银行提赎单，恳求银行能先给赎单，等我拿到销售款后，再将欠款还给银行。说实话，我对银行开恩是不抱什么希望的，因为银行给我赎单，等同于银行要支付中国厂家的10万美元，银行怎么可能冒险给我垫付呢？这严重违反常规，银行同意的概率可以说是零。我甚至想将房子、车子抵押给银行，但我的全部不动产加起来还不到两万美元，不够啊！没办法，我只能硬着头皮去试试，毕竟货已到港，费用一天天地在产生。

奇迹总是在别无选择的时候出现，银行发放提货赎单业务的工作人员是个新手，他拿了我递上去的海关通知，还没等我解释以及央求，就"啪、啪"盖完章，把赎单递给了我。

喜从天降，这意味着我可以免费拿着银行开出的赎单去提货，而且不用付任何钱，货款将由银行支付给厂家，而且银行还没法找我要，因为拿到赎单就意味着给银行付过款了。虽然这么干行得通，但我怎么能干这么没道德的事情呢？！事实上，后来我在收到一部分货款和预付款后，第一时间就把10万美元全部付给了银行。

感恩银行新来的"菜鸟"以及他的疏忽大意，让我得以把满满两货柜健身球运回公司。我那时算是理解了丘吉尔说的那句名言："并不是我们善于坚持，而是因为我们别无选择。只要你被逼得无路可退，你就会生起一股巨大的勇气，让'不可能'变成了'可能'。"勇气不仅仅是一股战胜困难的力量，还是一股感动人的力量。勇气是与生俱来的，可是能否让它长久闪光却因人而异。

经历了这件事，我觉得自己的内心变得更加宽广，这个过程不仅仅是考验，更像是一种折磨。通过这样的锤炼，我汲取了教训，懂得以后做生意一定要谨慎，不能像以前倒贩摩托车般粗放，这次虽然侥幸逃过一劫，但未必次次都能有这样的幸运。

小心驶得万年船，年轻人要敢闯敢干，但也要沉下心求稳，否则一旦陷入困境，遗患无穷。

两个人就像一支队伍

在美国创业初期，我是身兼数职，既是老板，又是销售、采购、叉车司机、货车司机，还负责写订单、仓储、理货、报关，当时的我一个人戴着 12 顶帽子，和历歌两个人合为一个团队。

那时候，不光我自己忙得焦头烂额，甚至是全家总动员，一起参与创业。家里的老人帮我们查货核对，6 岁的女儿也要做分拣工作。有一次，女儿在分拣理货时被堆得像小山一般的纸盒子埋住找不到了，把我们逗得够呛。

创业初期，一人多岗，忙得脚跟朝前不说，重要的是，要做好六方面的工作，才能让贸易工作步入正轨，才能抓住在美国做贸易的本质。简言之，就是将自己着手的事情梳理清楚，让所有的流程都围绕本质展开并优化，才算进入正轨。

一是要清楚从国内进口一宗货品的所有细节。比如，在厂家发货前，你需要将运单、航班、件数、重量、品名悉数知晓。货品入境时，与货品相关的单据也随船到达，交接时要做到单单核对，即交接清单与总运单核对；单、货核对，就是交接清单与货物核对。当然，理货也是件很复杂的事，要逐一核对每票件数，检查货物有无破损情况。

最好是自己研究明白报关手续，知道如何操作最省钱，而不是听任专业报关代理公司摆布。我从开始创业，就是自行办理制单、报关、运输手续，这意味着很多时候我要填一大堆表格，什么口岸、合同号、批准机关及文号、进口日期、提单或运单号……这样做的好处是能省钱，因为报关公司并不会对你进口的货品进行专项细致的研究，它们只是按照通行的方法操作，而它们选的方法未必是最经济的。

二是通过不断反思，减少与客户的沟通障碍。在事业的启动阶段，自己要全身心投入，更重要的是养成一种科学、合理的经商习惯，并不断调整思路，不断反思犯下的错误。我那时候还不太会和老外谈判，硬碰硬的结果便是造成客户流失。后来，琢磨清楚了，不管是在中国还是美国，和气生财是硬道理。你要有亲和力，要给人一种信赖感，用一种外向型的人格魅力吸引客户，从而降低谈判难度。

三是要签署一份细致的合同。万事开头难，开始创业的时候，你跟厂家存在磨合的问题，跟客户存在彼此信任的问题，如何解决这些问题？签署一份完善、高质量的合同至关重要。把产品的质量、价格、交付期约定好是必需的，更重要的是要在补充合同或附加条款里详细规定好违约责任及赔付办法。在美国，一份细致的合同是必须受到尊重的，一旦出现矛盾，大家都照着合同约定的条款办；如果合同不细致，那真是自己给自己设套。

四是交易结构要尽快成型。账期、供货期、退货、厂家兜底，都要做到心中有数、有章可循，要做好应急变化。只有你的交易结构成型了，客户才会有信心，觉得你是一个成熟的生意人，不会把事情搞砸。当然，在启动阶段交易结构的成型也包括产品的价值定位要准确，要不断调整产品结构，要机敏、耐心地捕捉不同市场的变化，通过不断优化产品结构，给予产品最准确的价值定位。

五是通晓美国海关相关规定。比如，包装和标志一定要求托运人对货物提供妥善包装和正确清晰的标志。否则因标志不清或包装不良所产生的一切费用就由货方负责。有一次，我进口了一批健身球没有标明制造国，就是没有明确写"Made in China"，结果被美国海关查扣。我不得不在海关的仓库里把所有的包装盒打开，一个个往上贴"Made in China"的标签。为什么是我自己贴，因为海关的工人都是老爷做派，效率奇低，而且规定你必须雇用他们。可是他们贴标签的速度太慢，而海关仓库贵得要死，只能你自己弯着腰干活儿，别提多憋屈了。

六是对中国的工厂要有一定的控制能力。比如，在销售旺季来临时，提前备货，及时补货，并且要对工厂的生产能力有清晰的认知，避免自己期望值过高导致极度失望。

如果你将这六方面的工作做到心中有数，操作起来有谱，那么还必须牢记这六方面所要围绕的本质，也就是在美国做贸易的本质——疯狂压低成本，让自己的产品在价格上充满竞争力。这话听上去很平常，但笨话都是老实话，如果做到了你在美国就能赚到钱，做不到就只能是赔钱。

在美国这个法制健全、商业文明高度发达的国家，忽悠、夸张、蒙骗的营销手段都是奇技淫巧，最好想都别想，一旦被揭穿，不是被罚，就是招惹官司。

总之，在美国做生意，一定要在价格上充满竞争力，你的产品价格要在扣除运费、关税、单证费、报关费、仓储费、装卸费、铲车费、海关预录入费、卫检报验费等后，还得做到比美国市场上的同类产品便宜。

在美国做贸易，说难也难，说容易也容易，只要掌握住全方位压缩成本这个本质，弄清楚所有的流程细节，你完全可以在一两年之内赚到你人生的第一个 100 万美元。

疯跑商品秀，砸开市场门

　　我从河北工厂订购了两个货柜的健身球，存储了如此多的产品，自然要想方设法卖出去。怎么卖出去呢？零售肯定是不现实的，只能批发，可怎么找客户？把产品批发到哪里？我没有丝毫经验，只能秉持一条原则：鼻子底下就是路——问呗！

　　经过详细的调查了解，我有了一个大概的思路，首先要解决的问题，便是让更多的类似经销商之类的大客户认识我们，知道我们在卖健身球，而且价格很有竞争力。为此，我便开始频繁参加美国的各种商品秀。

　　美国是商业高度发达的国家，各种礼品秀、商品秀遍布全国。类似于我们中国的商品交易会。美国商品秀种类极多，而且举办的时间点也非常密集。其中百货类的交易会最热闹，集展示、贸易、物流于一体，大一点儿的交易会设有数千个展销位。专项产品交易会，人和摊位自然也会少一些。

　　美国大一点儿的商品交易会，都属于以批发为主的"订单贸易"。跟中国的广交会、糖酒会类似，都是一些客户来交易会批发采购。客户选择在商品交易会上订货，便于集中与不同的商家接触谈判，对要采购的商品也有直观的认识。以我的经验来看，美国商品秀上的客户大致分为以下几类：

一是百货公司买主（department store buyer）。很多美国百货公司都会自己采购各类产品，不同品种由不同采购部门负责。比较大的连锁百货如 Macy's、JC Penny 等，几乎都有自己的采购公司在各生产市场。一般商家很难打入，他们往往通过大贸易商来选择他们的供应商，自成一个采购系统。采购量大，价格要求稳定，每年购买产品变化不会太大，品质要求很高，不大容易变换供应商。大部分都看美国本地的展，不会亲自到中国看展。

二是连锁大型超商卖场（mart）。如沃尔玛（Wal-Mart，Kmart.）等，采购量大，又有自己的采购公司（buying office）和采购系统。他们对市场价格的敏感度很高，产品变化要求也很大，还会把价压得很低，但采购量超大。开发力强、价格便宜、资金雄厚的商家可以进攻这种类型的客户。小商家最好保持距离，否则其一张订单的周转资金就让你吃不消，万一品质无法达到验货标准，就难以翻身了。

三是品牌进口商（importer）。大部分是品牌自己进货，如 Nike、Samsonite 等，它们会找有规模、品质好的商家或工厂，直接以 OEM 方式下单，它们的利润较高，品质要求有自己的标准，订单稳定，愿意跟商家或工厂建立长久的合作关系。和我们那个年代不同，目前世界上有越来越多的进口商到中国的展销会来找厂商，这是值得中小型商家和工厂努力开发的客户。商家在其国内的生意规模是它们采购数量及付款条件的参考因素，与它们做生意前，可以通过它们的网站去了解他们的实力。记住：即使是小品牌，也有机会培养成大客户。

四是贸易商（trader）。这个类型的客户什么产品都可能会买，因为它们有各种不同的客人，必须要采购不同的产品。买进卖出做转手生意，因此它们订单的延续性比较不稳定，订单量也较不稳定。

五是零售商（retailer）。我们那个时代，美国零售商几乎都在美国本土采购，但如今商业进入网络化以后，越来越多的零售商自己通过网络询价采购，这类客户其实是很难培养大的，所以比较适合美国本土的批发商来做，属于比较没有潜力可挖的客户。

开始参加商品秀的时候，由于实力弱小，我们只能和贸易商与零售商合作。随着发货仓库（warehouse）运转越来越成熟，我们的产品销售量越来越大，而且对产品独特性的提炼也越来越美国本土化，渐渐地就吸引了很多百货公司买主和大型商超连锁客户。由于我们的价格很有竞争力，比台商在健身场馆里的卖价低了近10美元，生意的势头变得越来越好。

当时为了推销健身球，我和历歌疯跑美国各地的商品秀，从纽约到芝加哥，从俄亥俄到得克萨斯，我们开着货车，拉着一车健身球，以及广告招牌、宣传单页、订货单，像商品秀超人一般，哪里有秀哪里就有我们的身影。

美国这些商品交易会的摊位租金价格对所有的商家都是一样的，人人都想租到诸如门口、过道旁的好位置摊位，怎么来分配呢？美国会展商都是按照参加商品交易会的资历和年头以及摊位的多少来分配的。这些商品交易会基本上每年都开，如果你是连续好几年参会租摊位的商户，你总能优先选到位置好的摊位，或者得到一个固定的好摊位；如果你是新客户，就只能等老客户选完你再选，通常只有犄角旮旯的地方。

这么多年，这么多场商品秀跑下来，我也总结出一些有意思的规律，有点儿人文观察的意思。美国人属于典型的high点高的族群，这种外向的性格也会影响到订货会。比如，在拉斯维加斯开的订货会，订货的客户会受到当地赌博休闲氛围的影响，心情会随之非常放松，情绪会疯狂随性一些，下的订单一般数目都比较大。美国西部田纳西州一带人少钱多不论价，这里的订货会走价不走量。

在美国跑商品秀是我创业人生中非常重要的一段经历，让我有机会面对面地接触市场和客户，了解最真实的市场需求，最及时地知道市场对我们产品的评价和反馈。由此，我深深懂得，要想创业成功，最基础同时也是最重要的功课便是了解市场、了解客户，只有深刻地认识到问题，才是成功的开始。

拿下美国买家的 *12* 条建议

　　但凡做贸易，都存在找客户的问题。在美国做贸易，要想拿下有质量的买家，不要通过传真来发送你的推销信函，未经要求通过传真发送营销信函不但不会受到重视，更糟糕的是还会招来起诉。针对美国买家，以下12条建议希望能给致力于进入美国市场的中国出口商提供一些帮助。

　　1. 邮寄公司资料。通过邮寄你的公司手册（最好做得漂亮一点儿）来推销你的产品。现代的方式就是邮寄信函与简短的小册子。介绍你的公司，说明你销售产品的特点，并鼓励他访问你的网站以便了解更多的情况。小册子要简短，最多不超过8页。

　　2. 使用的英语要正确而且地道。你邮寄给进口商的销售信函或小册子代表了你公司的形象。现代英语运用正确且格式规范的信函会受到重视，如果英语文法不通、格式混乱，那肯定不会受到重视。比如，我们看到一个小广告页上满是错字，我们肯定不会信任这个产品的。

　　3. 尽可能多地参加商品交易会。参加商品交易会是展示产品、获得产品反馈信息、观察竞争对手、发现其他机会的好方法。中国出口商应该参加美国各种各样的交易会与展览会。我之所以能将健身球卖遍全美，靠的就是尽可能多地参加商品交易会。

4. 阅读与你行业有关的美国报刊。可以使你了解有关行业的全部信息与技术，赶上时代的步伐。有关文章会告诉你其他公司的进展情况，广告会向你展示市场上有些什么，需要些什么。简言之，要想赚美国人的钱，你要做的就是尽可能多地了解美国。

5. 拥有一个赏心悦目的网站。在当今市场上，拥有一个设计漂亮的网页是非常重要的。美国进口商喜欢登录一个网址去查看供应商能提供什么样的新式样、新型号。最好将你的电子信箱列在网址的每一页。当今，人们进行通信的首选方法就是通过电子邮件。另外，要将你的地址、电话号码、传真号码放在网页上易于找到的位置。

6. 注意控制质量。美国的消费者都坚持认为，他们购买的商品必须要有好的质量。如果发现他们购买的东西不能用、有损坏或者不是他们期望的，都习惯去退货并要求退款。因此，要确保你的公司有一套有效的质量管理体系，在产品出厂之前找出次品要比退货容易处理得多。

7. 发货准时。如果答应在某个时间发货给美国客户，就要绝对保证在那个时间，或者是提前将货物运到。发货迟延是美国客户对国外供应商最大、最严重的抱怨之一。因为在收到供应商确认的交货时间之后，他们开始着手做市场营销，并告诉消费者该商品在某个日期开始上市。如果你的产品没有在指定日期到达，结果是非常糟糕的。

8. 在美国设立代表处。美国人愿意与在美国的人进行商务往来，固然他们知道语言和时区不成问题，但他们也知道，一旦有什么问题或有法律争端，责任人在本地则更容易处理。

9. 和买家加强联系。现在有了像 Yahoo Message、MSN Message 或者 Skype 等这样的工具，可以加强商家和买家的联系，多和他们聊聊，比如，他们的爱好、家庭等，增加和买家的感情。

10. 为买家提供一些可能对他们生意有价值的信息。记住：当你能够让你的客户赚到钱时，你的客户也会让你赚到钱。要努力把客户的鞋穿在你的脚上，设身处地地替买家解决问题。

11. 加入与你的行业部门有关的美国贸易协会。成为这样一个协会的成员，你便可以直接与了解该行业的人进行联系。他们可以直接回答你所有的问题，包括技术方面。这样做可以表明你做生意是严肃认真的，并且还可以得到多数协会寄发的月刊。

12. 确定目标市场。在确定目标市场之前，你要了解什么产品在美国市场热销。将你的注意力集中在你了解或使用的产品上，判断这些产品在美国是否能热销。这些产品被引入美国时，什么样的情况下能够获得较大需求？谁生产了这些产品？在美国市场上，这些产品的售价是多少，与之竞争的产品或品牌的售价是多少？

掌握了这 12 条建议的本质，你就可以在美国拓展市场了。发多大财不好说，起码能体面地在美国生存下去，相信我，这是实在话。

第三部分

远见卓识

纽约，我来了

我很喜欢这样一句话：一个人如果知道自己要往哪里去，全世界都会为你让路。一个人，当你有了明确的目标，有足够的勇气面对困难，百折不挠时，就没有什么能够阻挡你了。

随着健身球在美国的销售势头越来越好，我深切地感受到公司设在俄亥俄州的诸多局限性。俄亥俄州闭塞，海关有强烈的排华倾向，且商业氛围并不浓，很难从周边获取到高速、有效的商业信息，再加上由于地理位置偏远，比起东部港口城市，运费成本要高得多。客观来讲，俄亥俄州在美国是一个适合休闲生活的地方，并不是商业创业者的乐土。

经过一番慎重的思考，我认为留守俄亥俄州对我们的创业已没有实质性的帮助，便决定举家从俄亥俄州迁走。历歌问我打算迁到哪里，我早已心中有数，那就是纽约。

纽约共分 5 个区域：曼哈顿、布朗克斯、皇后区、布鲁克林区和斯坦登岛。纽约之大是我们在俄亥俄所无法想象的，它有着异常发达的公共交通设施，25 条地铁线贯穿东西南北，连接 5 个区域，每条线路从头至尾单行一次至少一个到两个小时。5 个区域的公共汽车更是多得无法计数，往返于曼哈顿和斯坦登岛的载客渡船来来回回永无停歇；长岛、上州、新泽西州的火车把成百万的上班族带往曼哈顿。整个城市的节奏布局快速而有条不紊，好似格什温的《蓝色狂想曲》。

在我看来，纽约是世界的中心，也是创业者的天堂。纽约有世界金融中心之一的曼哈顿，全世界各个国家和地区的大银行、大投资机构总部都设在这里；联合国大厦、百老汇、歌剧院、林肯中心、博物馆，这些使人心驰神往的地方吸引着全世界的人流和商流。我深信，要想真正把贸易做大做强，必须依托纽约这个大地盘。

开着车经过长途跋涉，我和历歌从俄亥俄来到了高楼林立的曼哈顿——我们耳熟能详的 Time Square（时代广场）。这个在好莱坞电影里经常看到和听到的地名使我们感到莫名的喜悦。马路、商店，路上行色匆匆的人流和川流不息、疾速行驶的黄色计程车，这一切使我们立刻喜欢上了纽约，喜欢上了它的节奏、它的动感和它的气息。

那段时间，我和历歌在纽约一边忙着找房子，注册公司，一边四处游逛，以尽快熟悉这个城市。曼哈顿密密麻麻、高低不均的建筑群风格迥异，气势磅礴，显得极富生命力。不同风格的建筑物把曼哈顿十四街以上的大道分隔得线条分明，几近于笔直的南北走向的 12 条大道，外加莱克辛敦大道（Lexington Avenue）、派克大道（Park Avenue），以及麦德逊大道（Madison Avenue）。其中最著名和我们最为熟悉的高楼，莫过于洛克菲勒中心（Rockefeller Center）、帝国大厦（Empire State Building）及皇家酒店（The Plaza Hotel）。而中央公园（Central Park）则是纽约绿肺般的风景区，像水泥丛林中的绿洲，把五十九街到一百一十街从中间平均分成东西两瓣儿。

曼哈顿让我和历歌印象最为深刻的便是建筑、雕塑和绿地的有机组合。我们更喜欢开着车在市里转，一路观看着曾经在好莱坞电影里看过的著名场景，比如，Cary Grant in 《*An Affair to Remember*》，Audrey Hepburn in 《*Breakfast at Tiffanys*》，Macaulay Culkin in 《*Home Alone*》。

记得有一次我们逛曼哈顿第五大道时，正好碰上了纽约一年一度的同性恋大游行。参加者身着奇装异服，伴随着游行的是强劲得近乎于暴力的音乐，还有彩车，以及各种表演和歌舞。在这种公共活动中，你无法不被美国人充满感染力和奔放的热情所感染。说实话，我对同性恋大游行不太关注，反而对游行队伍中扔出的小小纪念品充满兴趣，或许是一种职业习惯吧。

也正是在那次大游行中，我学会了"敢于爱"的手势，有点儿像京剧中花旦的兰花指。后来在电视里我发现很多摇滚歌手也非常喜欢用这个手势，大约是传达一种猛烈的爱的意思。我个人认为，爱还是不要太猛，猛过头容易颓废，适可而止才是真理。

在这期间，我和历歌还去了中国城，遗憾的是中国城比较脏、乱、差。更让我遗憾的是，这种境况直至今天都没有改善。和中国城 Mott Street 紧邻的一条街叫 Mulberry Street，街的两边全是大大小小的意大利餐馆、咖啡馆和杂货铺。沿着这条街再往北走到尽头，就是俗称的小意大利区，它正好夹在 Chinatown（中国城）和 SOHO 的中间，好莱坞经典电影《*God Father*》的很多景点就取于此。

Mulberry Street 是小意大利区在中国城的窗口，但凡到中国城都会注意到这条街，这条街异常干净。因为经过 Mulberry Street，总会看见餐馆门前的意大利人拿 Ajax（一种去污粉）在清洗人行道，那股认真劲儿比拖自己家的地都卖力。而中国人往往把自己的家居环境收拾得干干净净，有的人家进门还要脱鞋子，但绝不会像爱护家一样地爱护公共场所，所以中国城不如意大利街干净。

在熟悉纽约的过程中，我还有一个重要的任务需要完成，那就是买下一个仓储办公一体化的大房子，好让我的公司能在纽约安营扎寨。对此我早已成竹在胸，因为在搬来纽约之前，我就查阅了大量的房地产广告，遴选了七十多个符合要求的房子，并对这七十多个候选目标按照性价比、地段、付款周期进行了排序。前期工作做好了，也就不至于盲目选房。最终，我买了一个位置极佳、占地 15 亩、约 1500 平方米的房子。不光是对待买房的事情上，这是我一直以来的一个做事习惯：计划与排序相结合。既要把事情做周密，又要抓效率。总结自己在美国打拼多年的经验，我认为做任何事情都需要做好充分的准备，这样路才能走稳、走踏实，而不是随机、随意地去做决定。

熟悉了纽约之后，让我更加坚信自己迁来纽约是何其正确的决定。人的一生应该是奋斗的一生，但奋斗的效率是有高低之别的，我们要追求高效的奋斗。高效的奋斗首先来自对目标的执着，其次需要积聚更多的助推力。纽约就是一个可以给你更多助推力的城市，在这里各种商业信息如浪般涌来，哪怕你闭着眼睛都可以学到很多东西。

我一直有个观点，一个人最终能走多远，取决于他的眼界；而他的眼界，取决于他站在怎样的一个平台上。毋庸置疑，纽约再次打开了我的眼界，使我很多新的想法被激发出来。我已迫不及待地想在纽约大干一场了。

美国人的脑袋里都想些啥?

要想赚美国人口袋里的钱,一定要搞清楚美国人脑袋里的想法。美国是一个移民国家,由各种肤色、各种信仰的人聚合而成,可谓五彩斑斓。我在美国待了这些年,对美国人逐渐有了深刻的认识,我从不怀疑这些认识的价值,它是我在商业上取得成绩的一个重要原因。

认识一,美国人大多很实在。前些年美国人购物从不讨价还价,究其原因,主要是大家基本上都很实在。尤其是 20 世纪 80 年代和 90 年代初期的时候,美国人普遍不会砍价。他们去商场买东西,看上了,买得起就买,买不起就走,根本没有砍价的习惯。事实上,在当时他们也没有砍价的必要,因为同样的东西不论在哪里基本上都是同样的价格,所以说他们实在,也不知道因地制宜地定价。

当然,现在情况有所改变,自从中国成为世界工厂,中国人和中国产的商品大量涌入美国后,这种情况发生了逆转。道理很简单,当 Made in China 风行美国后,同样的东西不再是同样的价钱了,而且价格似乎像道德一样失去了底线。当他们去一家店发现一样东西已经很便宜了,多跑几家店，他们会发现更便宜的。当然，东西很可能都是产自中国。

大环境的改变对美国人产生了很大的影响，以前商品的价格稳定，正如一个有尊严的白领，到现在商品极大丰富，价格就变得低贱了很多，有蓝领价，有底裤价，有裸奔价，还有跳楼价，只要不怕累，费点儿劲总能找到更便宜的。正因价格变数太大，美国人从 90 年代中后期开始，也学会砍价了，甚至也砍得急赤白脸，砍得不亦乐乎。毫不夸张地说，是中国人造就了美国人砍价的意识，并将这种意识变成了习惯。

认识二，美国黑人的情绪容易被调动。相较白人而言，黑人更容易冲动，性格线条也更为粗放，买东西一般是不带挑的，可能衣服少条袖子都无暇顾及。

有钱的黑人出手极其大方。你只需看那些 NBA 球星挥金如土的行为，就可以对黑人冲动、粗放的性格有更为直观的认识了。你研究一下好莱坞那些笑点低，可票房却出奇高的喜剧电影，就会知道美国人的情绪很容易被调动。因此，你和美国人做生意，一定要外向、热情，用你的情绪感染和调动他们，这样对成功合作大有裨益。当然，虽说黑人更容易被感染、激发，但就整体而言黑人属于贫困群体，购买力有限，只能是 50 美元以下产品的主力消费群。

认识三，美国人相对比较简单，不爱嫉妒，通情达理。跟美国人做生意简单，以我的经验来看，对于那些经销商来说，只要你的货能让他赚钱，他就会很感激你，把你当作朋友。至于你赚多少钱，他们不会眼红嫉妒，甚至没心思去关注。跟美国人吵架也简单，抓着有理的时候狠狠吵，百用百灵。跟讲理的美国人吵架其实好吵，抓住理不放，对方自然屈服。

认识四，美国的印巴人很会做生意。别看印度和巴基斯坦贫穷，可在美国闯荡的印巴商人都很精明。他们垄断了美国的刀具以及中低端皮服一类的生意。

认识五，在美国的韩国人是不大瞧得上中国人的。他们跟中国人做生意，比较爱拖欠中国人的货款。

认识六，纽约有不少犹太骗子，穿着考究的服装，戴着昂贵的手表，会在展销会上给你下订单，口气很大。开头几个小额订单，他会如约付款，等获取你的信任之后，他就会下一个大订单，拿到货后就玩失踪，这时你才发现他之前留下的信息都是假的。

当然，我们对美国人的认识是不可能一成不变的，一定是随着自己的深入接触不断丰富、不断发展的过程。需要你亲自去感受，不断去思考，直至能从自己的角度总结出规律，并成功指导自己的工作实践。

总的来说，跟美国人做生意，一定要外向，要了解他们的交际文化，能迅速调动他们的情绪，并从中判断出他们下订单时最主要的考虑因素是什么。这是一种需要反复锤炼的经验，当这种经验升华为感觉时，你便会觉得在美国做生意其实很简单。

下面再说说美国各州的奇怪关系与特点，这也是加深你对美国了解的必修课。

美国东北各州最为发达。纽约当然是最精华的，而曼哈顿的上东区则是精华中的精华，这里积聚了华尔街各大金融机构的富人。曼哈顿上东区的人都自我标榜为时代的精英，尽管生活得很累，自我感觉却高人一等。

优质的人才与丰富的教育资源是分不开的，8 所常春藤名校，加上麻省理工学院都分布在东北各州。来自世界各国的优秀学生和学者使这里保持了既传统又不失活力的氛围，美国人自己形容其为"大熔炉"，既不像西海岸那样过于自由，又不像中部那样过于保守。

美国的人口多集中在东部，东部相对保守，或许是受英国早期殖民地的清教徒文化影响吧。西部除了沿海地区人多，就是人烟稀少的落基山脉、沙漠和高地，比如，盐湖城所在的犹他州和拉斯维加斯所在的内华达州。有些州极少被提起，比如，北达科他州和南达科他州，几乎不为人所知。

东部的波士顿很适合居住，安静美丽，周围都是大学，很有学术气息，天气也好。据说波士顿人是出了名的自大狂，看不起包括纽约在内的任何地方，可能跟当地教育水平高、平均素质也比较高有关吧，而且波士顿所在的麻州税也低。

特拉华州是最早在美国独立宪章上签字的州，所以自称 First State。每个人的驾照上都会写上这个东西。州虽然小，但是有钱。杜邦的总部就在这里，还有很多的化学公司、制药公司也在这里。因此，污染比较严重（相对于别的州而言）。杜邦每年给州里上贡不少银子，所以特拉华州也是美国唯一没有消费税的州。Wlimington 是许多金融公司的总部所在地，比如，Chase、Morgan Stanly。

中部平原地区以农业为主，给人的感觉是落后，有个笑话讲发达地区的人会问堪萨斯州的人："你们有铺好的路吗？有室内卫生设施吗？"

中部地区的人非常保守，是虔诚的基督教徒，经常会抗议学校教"毫无根据的进化论"，而要求在自然课上教上帝创造论，沦为笑柄。

五大湖地区为传统工业基地，以 Chicago 为典型的代表，周边围绕 Detroit 等工业城市，也是犯罪高发地区。芝加哥好像是美国人心目中的一个暴力城市，记得曾经看过一部电影，里面有个角色讲了这么一句台词："我可不会怕你，我从小在芝加哥长大！"这话给我的感觉就好比"我从小跟龙哥混大的"一样，挑衅性十足。当然不能一概而论，芝加哥北区则是高尚社区，南区确实很乱，是黑手党出没的地方。

美国大城市的市中心犯罪率一般都很高，还有些特别乱的区，比如，芝加哥南区、洛杉矶中南区、纽约布鲁克林区，底特律、新泽西也以高犯罪率闻名，"罪恶之都"拉斯维加斯倒是相当安全。

最西边的加州是 20 世纪冒出的新贵。70 年代前加州的王牌是好莱坞，70 年代后新加了"硅谷"。加州也是美国最有钱的州，当然人均不是最富。西北角的华盛顿州也不错，有波音和微软就够了。

西海岸特别是加州比较自由开放，旧金山好像是全美同性恋比例最高的城市。洛杉矶一带是娱乐界精神的代名词，有人向往，有人厌恶。俄勒冈在美国西北沿岸，挨着华盛顿，人少树多，有强大的机械制造基础，在美国也被看作乡下。这个州的白人多，民风也算不错，在一些富裕的社区，有的人甚至外出都不锁门，那里风景也很优美。

相比较而言，美国东北各州属于传统贵族，有钱而不失矜持；西部太平洋边的则属于新晋青年，时尚前卫易冲动。

事情做起来道理都是相通的，只要切入本质，抓住特点，就离成功不远了。切入本质不容易，抓住特点需要勤思考、多实践。分析了解形形色色的美国人，观察各具特色的美国各州，就是我努力抓取特点的一个过程，而我并不觉得辛苦，反倒乐在其中。

成功有一百，说话占九十

有句老话被我视为真理："鼻子下面就是路。"

在俄亥俄州读博士时，我发现同窗的很多美国牛人博士大多出身优越，从小便接受过很好的教育，都上过扎实的语言训练课。有人从 12 岁开始学拉丁语和希腊语，有人高中修过几门大学的法语文学课，有人每年至少去几个国家。有一位甚至说："过去的 6 个暑假，我都没有浪费，都在上语言班。"他们普遍的观点是，要尽量趁年轻多上学，学对自己长远发展有益的东西，比如语言。工欲善其事，必先利其器，学好了语言才能走得更远。

我对语言的重要性深信不疑。那些能把一句简单的话讲得掷地有声的人，往往能在人生中获得不错的回报。看看奥巴马吧，他总统当得怎么样不好说，反正在力克时艰方面，表现得像一个资深前列腺患者，鲜有畅快淋漓的案例。可一旦上了演讲台，他就是一个鸡血达人，气场强得能扭转时空，能充分调动起听众的情绪。"我有一个梦想"，这话谁都会讲，可马丁·路德·金兄弟讲出来，就有种摄人魂魄的功效。

当然，这些只是玩笑话，但道理如此，只有语言过关了，你才既能有效传递信息，又能恰当地制造氛围，让你的讲话内容充满说服力。在美国，你如果没有充满说服力的演讲才能，在职场很难做到高层，创业则很难走进客户的内心。

那么，你的外语怎样才算过关呢？

标准一：看你描述事情是否具体得当。事情说得越具体，讲话会越生动。当你提到某人的时候，如果不说清姓甚名谁、来自何方，会显得力度不够，效果要逊色许多。具体准确的描述更容易赢得别人的信任，也容易让你的表达更具画面感，听者容易被带入情境中。在这一点上，我们可以向乔布斯学习，他对演讲过程的控制力，以及演讲中用到的形象比喻，都堪称标准。

标准二：一个人说话是否清楚，重点看有没有逻辑。讲话的核心逻辑是一次讲话只能有一个主题，不要担心是否单薄，只要讲清楚一个论点就是成功，即便有所偏差也无须担心，求全责备的讲话才最容易失败。

标准三：说话的深刻程度取决于知识的储备。知识的储备积累在于阅读。毫不夸张地说，我之所以能和美国人无障碍沟通，正和我在俄亥俄学习期间培养起来的阅读习惯紧密相关。

理论问题能说得大致如上，剩下的就是实践了。如果你觉得自己嘴笨舌僵，缺乏锻炼，可以先在亲近的人面前很正式地演练口才。你可以对着镜子练，看着奥巴马、乔布斯的视频学，努力寻找神采飞扬、充满自信、铿锵有力的范儿。同时，可以参考美剧《白宫群英》，里面有一集是讲如何训练总统候选人演讲技巧的，讲得很到位。

　　说实话，只有语言好了，你才能讲好故事，而会讲故事恐怕是现在最有价值、最容易变现的商业才能了。在美国市场，一定要有讲故事的能力，尤其是用英文给老美讲一个中国故事。但遗憾的是，我们大部分中国公司在这一点上，可能由于语言差异、文化差异、考虑问题逻辑的差异，讲故事水平低下。

　　我认为会讲故事这点非常重要，无论你是讲给公司、讲给媒体还是讲给用户，都很重要。其实在美国言过其实的公司也有，一年冒出成百上千的公司，但甭管它们是真正牛的公司，还是言过其实的公司，都会把它们的故事讲得很好，有一个很不错的前景，有相对长远的愿景，会讲它们是专注产品体验和精神的公司，会讲很多很好的故事。如果比一比，一些中国台湾的公司、新加坡的公司，包括印度的公司，讲故事的能力都比中国内地的公司好。尤其是在很多公司相互竞争的情况下，你要想证明自己与别人不同，讲故事的能力尤为重要。而要想把故事讲好，则离不开对语言的精通。

　　广东人和温州人，在美国做生意很少有做大的，最致命的问题就是语言不好，从而影响了发展。王嘉廉是 CA（联合电脑）的老板。他抓住了机会，创立了"联合电脑"，专做适合大企业的软件，曾一度成为仅次于微软的全球第二大软件公司。我在克利夫兰时读过一篇关于他的报道，把他的许多话都牢记在心中，如："移民要在北美获得成功，有三点至关重要，English，English and English。"

　　好好学英语吧，这是成为一个国际化人才的关键。

充分利用发达的美国征信

工作也好，创业也罢，最要紧的事便是入门。入了门，才有机会入流。怕就怕闭着眼睛找路，十有八九会撞到南墙。在美国做生意，要学会找门看路，起码保证自己不容易上当受骗，对美国信用制度的充分利用无疑是最强大且最好用的工具。

美国信用体系的发展已有 160 多年的历史，因此称得上是世界上最发达的征信国家。所谓征信国家，是指一个国家的信用管理体系比较健全，形成了独立、公正且市场化运作的征信服务企业主体，从而保证以信用交易为主要交易手段的成熟市场经济能健康发展。通俗点说，美国信用制度十分完美，你可以很方便地查到一个人或一个公司的信用程度，在这种制度下，能够避免上当受骗。正因为任何人都可以快速取得资本市场、商业市场上任何一家企业和消费者个人真实的资信背景调查报告，企业和消费者普遍形成自觉培养和维护良好信用的习惯。在美国做生意和生活，信用的缺失是一件很可怕的事情，不少企业和个人因此断送了事业或生活中应有的便利。

在美国，不讲信用的责任人会受到法律的惩处，并且在惩罚期内，美国会教育全民不对其进行任何形式的授信；在法定期限内，政府工商注册部门不允许有严重违约记录的企业法人和主要责任人注册新企业；允许信用服务公司在法定的期限内，长期保存并传播失信人的原始不良信用记录；对有违规行为的信用服务公司进行监督和处罚。

在美国，对消费者信用评估和提供个人信用服务的中介机构叫信用局，或称消费信用报告机构。它们专门从事个人信用资料的收集、加工整理、量化分析、制作和售后服务，形成了个人信用产品的一条龙服务。信用局收集消费者个人信用信息的工作方式是主动的，不需要向被记录者打招呼。而且大多数授信机构都会将消费者的不良记录主动提供给信用局，使失信消费者的信用记录增加负面信息，今后无法成功地申请其他信用工具。信用局主要通过三个渠道获取消费者的信息：一是从银行、信用卡公司、公用事业公司和零售商等渠道了解消费者付款记录的最新信息；二是同雇主接触，了解消费者职业或岗位变化情况；三是从政府的公开政务信息中获取被调查消费者的特定信息。整个美国有一千多家当地或地区的信用局为消费者服务，但这些信用局中的绝大多数都附属于 Equifax、Experian 和 TransUnion 三家最主要的征信局，或者与这三家公司保持业务上的联系。而这三家征信局都建有覆盖全美国的数据库，包含了超过 1.7 亿条消费者的信用记录，从而在事实上形成了三足鼎立的局面。这也构成了美国信用局制度的核心。

美国的信用局制度就个人信用信息的收集、个人信用产品的开发和管理，形成了一套科学的体系，主要包括三个环节：（1）个人信用资料的收集和登记；（2）个人信用数据的加工处理和信用评估；（3）个人信用产品的销售使用。

信用局向消费者本人或者法律规定的合法机构和个人提供信用报告。信用报告包括四个方面的内容：（1）个人识别信息，除通常的个人信息外，还包括社会保险号、工作、职务，以及雇主信息；（2）公共记录信息，包括个人破产记录、法院诉讼判决记录、税务扣押记录和财产判决记录；（3）个人信用信息，包括每个信用账户的开始日期，信用额度和贷款数量、余额，每月偿还额，以及过去7年的贷款偿还情况；（4）查询记录，包括查询人的名字以及查询目的。

信用局提供信用报告是有偿服务。单独的一份信用报告收费8美元，三大信用局合并的信用报告收费29.95美元。如果你要每季度得到一份个人信用情况变动的报告，就要付出49.95美元。

如果你在美国没有信用记录会如何呢？那就惨了，你享受不了任何优惠，连手机电话费都得预存。因此，初到美国的人，都必须老老实实开始建立信用记录，诸如按期交纳电话费，用商场的购物卡购物再按期把支票寄去，尽量多和外界发生些借钱还钱的交易，等等。

对于我这样的供应商而言，供应商之间可以互相提供信用信息，比如，遇到不了解的新客户要求赊账，我既可以去信用局或信用公司，付费查这个客户的信用情况，也可以询问别的供应商关于这个客户的信用情况。按照美国的商业文化，别的供应商非常乐意提供自己所了解的情况，甚至将其视为自己应尽的义务。

中国人在美国是比较容易上当的，一是对美国社会不了解，二是中国人太急于卖货，这是能被骗子利用的关键。因此，要想把生意做牢靠，就要懂得选客人，而选客人不一定非得靠经验。充分利用美国的信用制度，花费一点儿费用，多打两个电话，便能对陌生的客户有个基本的判断。

融入美式商业文化

　　要想在一个陌生的国度找到属于自己的位置，语言很重要，融入这个国家的文化也很重要。作为一个创业者，充分融入美式商业文化使我在纽约打开了自己的一片天地，结交了一批忠实、稳定的经销商朋友。

　　美式商业文化之一：讲究高效率，直接进入话题，不拐弯抹角。美国人不论在提出观点上，还是在表明立场态度上，都比较直接坦率。讲究高效率，不愿拖泥带水。谈判时，要直截了当，时间安排要紧凑。跟美国人打交道，一定要有美国式的快节奏，做事要干净利落。

　　美式商业文化之二：重合同，法律观念强。美国人一旦签订了合同，就非常重视合同的法律性。在他们看来，如果合同不能履约，就要严格按照违约条款支付赔偿金和违约金，没有再协商的余地。美国人没有万事好商量的习惯，他们只重合同条款，订立在纸面上的东西就是必须要遵守的东西，不要跟他们谈什么惯例、潜规则，或装可怜，没用。

　　美式商业文化之三：要自信，不要谦虚。美国商人在商务活动中总会表现出一种与生俱来的自信和自豪，处处流露出优越感，谈吐直率大方，显得轻松和好打交道。如果你有十分能力，就要表现出十分来，千万不要遮掩、谦虚，否则很可能被看作无能。

美式商业文化之四：讲究实际，注重利益。美国人做生意，以获取经济利益作为最终目标。但不要漫天要价，美国人不喜欢别人漫天要价。他们认为，做买卖要双方获利，漫天要价属于没有商业教养的行为；反之，要价太低则会被他们理解为产品质量不好。

美式商业文化之五：重视管理。美国人认为企业的价值和管理能力有着密切关系，管理的水平会直接体现在产品质量上。因此，在向美国人展示产品的同时，不要忘了介绍公司的管理团队，以及正规的管理方式。说到底，美国是一个喜欢将事情模板化、流程化的国家，你越是向他们展示你公司的条理性，他们就越是尊重你。

美式商业文化之六：有计划性。计划性和前期资料准备工作非常重要。和美国人谈生意，一切活动都要事先安排好。谈判前要有具体的项目，有一个很具体的目标。资料准备工作越详细越好。如果没有详细的资料，想起什么谈什么，美国人会觉得你根本不认真，是在浪费他们的时间。因此，跟美国人谈生意，要将时间周期节点化，表格化更好，这会被视为专业程度高。

美式商业文化之七：喜欢简单明了。企业介绍手册和产品说明书要尽可能地简单明了。企业介绍手册要做得精美，语言要用与时代同步的英语，并尽可能口语化，尽量多用数字、图表。相比之下，中国企业的介绍手册大多过于繁复。

美式商业文化之八：公私分明。有一种不正确的理解，认为美国人做生意很死板，丝毫不讲人情。实际上，美国是人种熔炉，美国人的传统是从事商业，特别是犹太血统的人具有经商的天分，其实他们也是讲人情的。但他们做事时，公是公，私是私。他们不希望在自己的私人时间里被打扰。美国人是接受礼物的，但要以个人的名义，正式谈判时不要带礼物。

美式商业文化之九：与美国人谈判，"是"和"否"必须说清楚，这是一条基本原则。当无法接受对方提出的条款时，要明白地告诉对方不能接受，而不要含糊其词，使对方存有希望。有些人为不致失去继续洽谈的机会，便装作有意接受的样子而含糊作答，或者答应以后作答而实际上迟迟不作回应，都会导致纠纷，失去诚信。万一发生了纠纷，就更要注意谈判的态度，必须诚恳、认真，绝对不要笑。因为在美国人看来，出现了纠纷而争论时，双方的心情都不好，笑容必定是装出来的，这就会使对方更为生气，甚至认为你已经自认理亏了。

与美国人谈判，绝对不要指名批评某人。指责客户公司中某人的缺点，或把以前与某人有过摩擦的事作为话题，或把处于竞争关系的公司的缺点抖出来进行贬抑等，都是绝对不可以的。这是因为美国人谈到第三者时，都会顾及避免损伤对方的人格。这点务必牢记于心，否则是会被对方蔑视的。

美式商业文化之十：美国人对商品的包装和装潢比较讲究。这是因为美国人认为包装对商品的销路具有重要影响，只有新奇且符合国际潮流的包装，才能激发消费者的购买欲，扩大销售。在美国，一些日用品花费在包装上的费用占到商品成本的很大比例。

美式商业文化之十一：美国市场的季节性较强。美国市场对各种商品的需求均有较强的季节性，通常分春季（1—5月）、夏季（7—9月）和冬季（11—12月）。每个季节都有商品换季的销售高潮，从感恩节（11月底）开始便是美国人冬季节日购物的季节，特别是圣诞节，是美国商品全年销售旺季。进口商进口订货均根据其国内销售季节来组织，因此，如果错过销售季节，则意味着这一年度暂时退出美国市场，甚至较长时间被排除在美国市场之外。因此，要根据美国市场的季节性来调整产品变化，以及退货、兜底、账期、供货期的节奏安排。当然，要保持一定的库存量也能应对市场变化。

美式商业文化之十二：美国人习惯依律行事。美国市场是一个法规健全、规范有序的市场，但这些法律法规是建立在一个开放和宽松的市场环境之上的。美国管理市场和进出口行为依律而行。在对美贸易中要随时准备向律师、会计师等专业人士咨询，一旦违反美国各种复杂、繁琐的法律法规，很容易造成损失。

美式商业文化之十三：美国市场的接纳性很强。美国社会是一个大熔炉，其人口多是来自不同种族、不同国家的移民。同时，美国贫富差距较大，高、低收入阶层均是相当可观的消费群体，因此，来自世界各地各种档次的产品在美国均有需求；当然，由于美国市场竞争激烈，要想在美国站稳脚跟，一定要找准自己的定位，做好产品质量管理。

美式商业文化之十四：注重仪表。美国人性格自由奔放，但在高端商业及办公场合，对仪表的要求同样很苛刻。"First impression last."（"最初的印象永不改变。"）如果你的皮鞋不怎么样，袜子太短，或者领带的花式不够正规，都会遭到老美发自心底的小看。因此，在正式商务场合，当你发现别人见了自己微微皱起眉头，应该领会到他的潜台词："Seems this guy doesn't belong here."（"看上去这小子不属于这里。"）

　　总体来说，美国人的性格通常是外向的。因此，有人将美国人的性格特点总结为：外露、坦率、真挚、热情、自信，追求物质上的实际利益。他们的商业文化也是基于他们的性格特点衍生出来的，把握好了，你会觉得在美国做生意其实一点儿都不难，毕竟中国人的勤奋被世界所公认。

燃爆全美的健身球

　　能讲一口地道的美式英语、将公司开到了纽约、认识了美国社会、清楚了美国市场、精通了美国商业文化，我有一种厚积薄发的冲动，打算将健身球在美国市场做大做强，做成真正的 Number One。我知道美国市场某种程度上代表着全球市场，一个产品赢得了美国市场，很多时候就等同于获取了全球市场。

　　我将健身球定位为具有健身功效的中国工艺品，针对如何在美国市场推广中国工艺品，我先期进行了详细的市场调查。

　　首先，我对美国的工艺品市场进行了详细的调查。美国的工艺品往往指纯手工工艺品，大多是美国一些家庭企业生产的，这些企业规模都很小，产品就在家乡及周边地区销售。少数出名的，专门为一些精品专卖店供货。美国工艺品的销售渠道主要是一些年营业额不超过几百万美元的小型礼品店，多分布在各旅游景点的商店。其他销售渠道有家具店、珠宝首饰店、花店、书店以及服装店等。此外，美国一些 B to C 网站与目录邮购店也经销工艺品，而且发展速度很快。

美国消费者最喜欢用新材料、新工艺、新题材的工艺品，他们购买新奇的工艺品会觉得自用与送人都很酷，能体现新潮与个性。他们在购买具有神秘色彩或民俗特色的工艺品时出手很大方，有不少美国人喜欢购买西藏与印度的工艺品做摆设，新疆、内蒙古的工艺品也开始备受青睐。现代美国人更讲实际，更倾向于一些多功能、实用性的工艺品。

美国人对收藏品还是有品牌意识的。如果是让客人观赏的摆设品，更是如此。他们会说这是某某人的作品，或者是某某厂商出品。但是，一般的摆设，他们倒是没有品牌意识的。只要他们觉得好看，和他们的摆设很相称，他们就会购买。作为礼品，他们的品牌意识更低。总的来说，美国消费者购买工艺品主要在旅游假期、各种节庆日与个人纪念日。他们购买价格在 10 ~ 20 美元的商品时不会犹豫，只要求商品本身及包装比较讲究，最好有简单的文字介绍，既增加自己的知识，又能向亲友与同学炫耀，说明其所购买工艺品的奇特好玩有趣之处。

其次，我对中国工艺品在美国市场的销售现状进行了调查。我发现除少数民族工艺品仍为手工制作外，其余大多是由一定规模的工厂生产的，已有相当的工业化生产的成分，尤其是工艺礼品。但中国工艺品的弱点是：对美出口长期处在生产什么销售什么的阶段，产品多年不变，做不到按国际市场的需求和美国消费者的习惯有针对性地开发新产品。创新性不够，缺乏创造力和灵感。从调查中发现，美国商人采购中国的产品，不仅是因为中国产品便宜，同时也是来寻找不同文化的新产品。因此，要想针对美国市场开发新产品，就要用新思维将产品身上的文化特性发挥到极致。

　　针对我了解到的市场现状，我开始思考健身球有没有机会拿下美国市场，美国人会对看上去莫名其妙的不锈钢铁球感兴趣吗？想来想去，属于健身球的市场契机有以下几点：

　　一是美国人很节俭，放在房子里的摆设，一般是不更换的，他不会把他的摆设丢掉，然后再去买一件回来代替它，就算是搬家，也会把它们搬到新家去。除非你的工艺品使他非常欣赏，非买不可，那就不是单纯的装饰品了。正巧我们的健身球符合这一特征，不仅是工艺品，还有健身用途。

　　二是美国人购置礼品一般都不会超过20美元，而且美国人送礼品，既要求便宜，还要求实用。我们的健身球也正好符合这一特征，零售价在20美元左右，有异域风情，还有非常强的实用性，可以通过锻炼手指来健脑。还有一个很好的卖点，不论是圣诞节还是情人节，不论是送爱人还是送老人，健身球看起来都是一个很适合的礼物。

　　三是健身球的占用面积小，作为工艺品而言，容易摆放。既可以放在家里，在看电视或休闲的时候随手把玩，又可以和家人比赛谁玩得好。而且还可以放在车里，美国人习惯于在车子里摆放一些有意思的东西，健身球不占地方，还可以作为常备健身器材。另外，美国的家庭除了室内之外，也有的在室外摆放装饰品。一般的家庭有很高的围墙，前院通常是草坪，后面则是家庭在户外的活动场所，可能在后院摆放一些装饰品，就是所谓的庭院摆设，健身球作为有装饰功能的便捷型健身器材，放在美国人的院子里或游泳池旁，供大家晒太阳时把玩，简直再惬意不过了。

　　我开始为我的健身球产品做整合营销分析，最后健身球在美国市场的热销，证实了我的营销工作是切实有效的。

1. 向市场推广健身球的独特之处。与一般的中国工艺品不同，健身球有较强的实用性，它相当于是工艺品与日用品的一个完美结合。中国工艺品只有面向美国才有较大的市场，因为国际市场对产品需求的趋势是强调多功能。而健身球正好符合这样的需求特征，它既是浓缩中国文化的工艺品，又是有健身功能的日用品。

2. 要在宣传中突出对于美国消费者而言健身球有足够的新颖性。不仅玩法很丰富，而且还会发出奇妙的响声，这是他们很多人之前从未有过概念的新产品。作为一个对新鲜事物充满好奇的国度，这种充满异域气质以及有东方皇家血统的新玩意儿，一定能激发大众旺盛的购买力，而且可以通过美国市场辐射全世界。

3. 将健身球题材多样化，要大胆根据美国广大消费者熟悉并喜欢的模式来丰富健身球的样式，甚至是玩法。为此，我与河北的健身球厂做了多轮次的产品开发，先后开发出一百余种健身球品种，除了传统的不锈钢铁球，还开发了景泰蓝健身球，文有龙凤图案、阴阳、熊猫、笑脸、八卦以及皇家图腾标志的健身球……以期在产品推广的不同阶段适时推出，充分适应市场。

4. 利用各种广告宣传手段，充分推广健身球的大众性和通用性。一种产品要想获得最广泛的应用，要具备两个基本要素：一是越大众化越好；二是越通用越好。就像 iPhone 一样，不会为中国设计一个按钮，也不会为美国设计一个按钮，全球都在用一个按钮。健身球在这两点可谓天资卓越，它不像针灸那般神秘，没有男女之分，也没有场地限制，在任何时候、任何地点都可以玩健身球，方便、通用，让锻炼身体这件事充满效率，甚至可以说重新定义了一种健身方式。

5. 推广健身球作为一种中国传统修身养性的健身器材，具有不可替代的安全性。美国人注重安全性，而健身球恰恰是一种极其安全的健身产品，游动于指尖，锻炼手指也锻炼脑，负荷也不大，不会让人产生拉伤、崴脚之类的运动常见伤。尤其是对于上了岁数的美国老人，这样的产品给他们提供了一个称得上是最安全的运动形式。

6. 革新中国工艺品在美国宣传的传统模式。中国工艺品品种繁多，在美国市场上难以形成聚合力，往往单笔贸易额都不大，客户主要是港商、台商与海外华人。许多工艺品企业和经销商对产品样本与企业宣传资料下的功夫都不大，只是放几张照片，缺少有吸引力的说明。

我觉得要深度开发国际市场，一定要将产品样本与宣传资料打磨精细，尤其在内容上要重新编写，要契合美国消费者的心理需求。因此，我在大量的宣传品和广告中介绍健身球的文化内涵与特点，将健身球定位为具有中国特色的健身型工艺品，同时还给健身球编写了易懂的说明与有趣的故事，能让人记得住并且方便宣传。例如，所用材料的稀罕、制作工艺的独到、产品的历史悠久，曾被国家领导作为国礼送给里根夫妇。在推广健身球时，我曾花时间研究过美国芭比娃娃的营销历史，虽然只有几十年，但它的故事已经使芭比娃娃的身价越来越高，产品成为几代人的收藏品。我对于健身球的野心是让其深入每个美国家庭，成为一种必备的中国式健身型工艺品。

7. 在健身球市场推广的后期，我充分利用网站进行健身球推广。为开拓美国市场，与国际接轨，我为健身球推广建了漂亮的英文网站，并与健身器材行业以及礼品行业内相关网站互联。甚至通过 B to B 平台，有效地提升企业知名度且增加商机。时至今日，美国的采购商几乎不与没有网站的企业往来。网站设计与制作水平会有高低，但不建网站已没有理由。一个好的网站可以为企业在全球的网上市场建立起好形象，而投资并不需要很多。

8. 为了方便让美国采购商采购健身球，我自己编印了一册英文版的《健身球采购指南》，并在美国发行，通过展销会的方式，送到美国采购商、批发商手中，当然在展销会中，最好的发行场合是美国工艺礼品展览会。另外，《美国工艺品供应商大全》是美国工艺品采购商常用的工具书，入刊厂商是在美国有良好资信的专业供应商，比较容易被采购商接受。如果在供应商大全中没有被列入，则往往被认为是新入行的与没有可靠资信的企业。

9. 参加美国商业团体也是我拉近健身球与市场距离的重要方法。美国有各类商业团体，它们都是民间团体，但对产业发展、市场开拓有重大作用，并可影响政府的立法。成为美国商会团体的会员十分有利于了解美国市场商情，方便参加各种商展与会议，也表示你是这个"圈子"里的人，对采购商建立信任很有帮助。

10. 对于经销健身球，我基本采用的是价格透明的准则。美国采购商习惯有透明度的报价，如果你将报价作为最大机密，不愿公开，喜欢如同在自由市场上卖菜一样，见不同人报不同价，头戴三尺帽，不怕砍三刀，从短期来看，你可能会增加一些利润，但从长期来看，你会失掉不少大客户，也容易得罪一些有实力的经销商。

工艺品不同于其他产品，不是以大小、重量定价，有的外形类似，但价格可能会相差 10 倍。美国采购商对有报价的产品会多做考虑，对没有报价的产品就懒得一项项地去问了。有人担心公开报价会被动，怕报价低了吃亏，报价高了吓跑客户，更怕让竞争对手摸去底牌。其实，这种顾虑是不合时宜、没必要的，也是可以妥善解决的。

当该做的工作全做了之后，健身球在很长一段时间内成为全美最热销的礼品，如我们的广告所言："让每个美国人都拥有一副健身球！"复数式增长的销量让这句广告语成为现实的可能性越来越大。当时为了推广健身球，我还做了一个非常有冲击力的海报，就是把康熙的头像和里根的头像拼在一起，两人头像下面放了一句话："他俩都玩过的东西，你还不抓紧玩玩。"实践证明，这个宣传海报做得非常成功。除了海报，我还制作了录像带，专门录制了河北健身球高手玩健身球的视频，在美国电视上或商品秀的现场播放，效果极好。

在健身球热销的时间里，不仅普通的美国人买回家做礼物，还有大量的企业团购订单。那时，我们的健身球像海滩上的消暑啤酒一样好卖，健身球甚至出现在好几部好莱坞电影里，其中有一部是本阿弗莱克主演的科幻电影《时间裂痕》，在影片一开头，就出现了一对景泰蓝制作的健身球。

当时很多硅谷的公司购买了我们的健身球，白宫总统办公室和苹果公司都是我们的客户。我个人觉得不锈钢健身球的美学气质应该很对乔布斯的胃口，我也一直盼望找到一张乔布斯玩健身球的照片，那将是最好的广告了，可惜未能如愿。后来在哈佛商学院读书时，一个美联储股东对我说，他曾亲眼见到乔布斯玩健身球。不管乔布斯到底玩过几次健身球，也不管他是否真的爱玩，至少有一点可以确认，白宫、国会、硅谷的好多精英都喜欢玩健身球，什么原因，谁也没做过调查。但是我相信越是简单的东西，越可能充满变化，健身球就体现了这种充满禅意的东方哲学，这也许是美国精英们热衷把玩的一个潜在因素吧。正是由于这些一线领袖们对健身球的追捧，健身球才得以风暴式地席卷全美。

从 1991 年到 1997 年，我们的健身球连续 6 年销售额超过 100 万美元。我在美国销售的健身球超过 1000 万副。毫不夸张地说，在当时的美国礼品市场上，健身球是具有统治力的销售冠军，而且是有史以来在美国大众市场上真正堪称畅销的中国产品，尤其是印有八卦图案和笑脸标志的健身球，真正算得上是家喻户晓的产品。

我们的广告口号是：让每个美国人都拥有一副健身球。健身球从 20 世纪 90 年代初开始在美国热销直至现在，我可以自信地说，我真的做到了。

健身球的出现和热销，重新定义了美国人的手指运动方式，甚至引爆了美国人的一种触觉革命。健身球的奇妙之处在于，它既是一个纯粹的中国传统产品，又契合了美国的消费价值观和文化审美心态，将实用性与艺术性、趣味性与哲学性自然地融合起来，创造了一个发生在美国市场的销售奇迹。

差一点让中国猪皮衣称雄美国

　　尽管健身球生意做火了，但我深知天下没有长盛不衰的生意，一个企业要想适应时代发展，必须要找到新的产品，开发新的项目。

　　一次回国考察，我认识了一家民营皮衣厂的老板，那家皮衣厂的名字甚是响亮，叫武汉奔驰皮衣厂。经过简单考察后，我意外地发现厂里的皮衣价格相当低，也就一两百元人民币。究其原因，奔驰厂的皮衣材质为猪皮，而中国的猪皮不值钱，成本自然就低。

　　猪皮材质本是硬的，可奔驰厂的猪皮皮衣手感却很柔软，询问厂长后，才知道皮衣用的头层猪皮，本身比较薄，再经过特殊工艺的磨压，最后出厂的猪皮皮衣手感才会这般柔软，虽然没法和羊皮、牛皮相比，但不是行家绝不会分得清的。

　　回到美国后，我立即着手考察美国的皮衣市场。我发现美国皮衣市场几乎被印度皮衣、巴基斯坦皮衣垄断，这两个国家的农民都养羊，因此盛产羊皮，做成皮衣后，销往欧美。

　　羊皮虽好，但价格却高，最劣等的羊皮衣也要 80 美元以上。奔驰厂的头层、二层猪皮皮衣虽然不能和羊皮相比，但价格上无疑有着巨大的优势，即使进口到美国也就20美元左右，如果能以三四十美元的价格卖出，利润可以说是百分之百。

觉察到了市场空间，我便从奔驰厂订了一批皮衣，在美国进行试销售。开始卖23美元一件，遭到哄抢。我立刻提价，涨到25美元，还是供不应求。当提到30美元时，销量还是不错。

在这期间，我最关心的并不是依靠这批皮衣能赚多少钱，我更想了解，在美国市场上，这样的皮衣价格定到多少才是利润和销量的最佳平衡。于是我继续涨价，当我将皮衣的价格涨到40美元时，开始出现滞销的情况。我得出判断，奔驰牌头层猪皮皮衣，价格定在25～30美元，将很有竞争力，并有可能在相当长一段时间内旺销。

对市场有了深入的了解后，我信心满满，只要奔驰厂能保质保量供货，我绝对有信心让中国的头层猪皮皮衣在美国市场打响。第一批皮衣量不大，很快就卖完了，于是我打算从奔驰厂大批量进口一批皮衣。按照常规，我应该亲自回国收货、验货，但那段时间既要忙健身球生意，又要卖皮衣，实在无法抽身回国进货。没办法，只好委托一个国内的朋友去皮衣厂帮我安排收货、验货。

两个月后，满满三个货柜的皮衣终于抵达美国东海岸，可等我打开货柜一看，彻底傻眼了，这都是些什么玩意儿啊？这批货简直烂透了，几乎全是残次品、旧货，有的皮衣袖子长短不一；有的上浆过火，整个皮衣像是从油罐子里捞出来的；有的皮衣还开了斗大的洞；还有的拉链头装反了……在整理皮衣的过程中，货柜里还跑出来七八只老鼠。

　　此刻，我才明白自己是遭人算计了。奔驰厂发给我的全是压箱底的垃圾，如果皮衣厂老板不是大型实景魔术师的话，一定是我所托非人，帮我验货的朋友被收买了。后来我找厂家验证，确实如此，皮衣厂老板表示，我的朋友饭也吃了、酒也喝了、货也验了，怨不得他们……

　　时隔多年，回想往事，我仍旧觉得此番经历是我在美国做生意期间最大的遗憾之一。如果不是队伍内部出了问题，按照正常的轨迹，我完全有可能让中国的头层猪皮皮衣走得更远，甚至垄断性地占领美国的皮衣市场。

　　这件事给我的教训就是一定要加强员工的道德素质管理，管好人才能做好事，否则事倍功半，甚至功亏一篑。

能把垃圾卖掉才是 Number One

　　将买到手的垃圾皮衣拍了大量照片，我赶紧回国，找武汉奔驰皮衣厂的老板理论。回到武汉，天气很热，我的心却一片冰凉。奔驰皮衣厂在把所有的尾货甩给我之后，已经倒闭关门了，厂长也联系不上。这件事只得就此作罢，没有任何问责的空间和余地，我白白赔上了往返的机票费，很是郁闷。

　　无功返美后，我、历歌和公司的几个员工商量怎么处理这批皮衣，这可是好大一笔钱啊！想来想去，除了避免更大的损失，尽一切可能把这些皮衣卖掉，实在没有更好的处理方式。然而要想卖掉这些残次品又谈何容易，我们必须对其进行加工修补。可如果在纽约找工人修补这些皮衣的话，成本太高，即便把皮衣卖出去还是会赔不少。无奈之下，我和历歌只好自己学习皮衣的加工修护技术，并发动起公司上下十几个员工，打响修补皮衣的战斗。

　　我们学得很快，主要原因是压力大，学得认真，效果也明显；次要原因是有海量的皮衣可供我们练手实践。总之，经过夜以继日的学习后，我和历歌都成了专业的皮衣加工养护工，上浆、软化、用褪色炭笔或专业鞋油给皮衣调色，我们是越干越熟。用鸭蛋清打稀涂于皮衣面上 3 ~ 4 小时，然后用软布将蛋清擦干净，再用风吹干。用温湿软布擦遍，风吹干再涂上绵羊夹克油，然后用 300W 电熨斗垫白布烫一下，皮衣可保持原样。

虽然我和历歌修复了一部分皮衣，但有些硬伤是没有办法修补的，比如有洞的、袖子长短不一的，严重超越了修补的技术极限。怎么办？没办法，只能硬着头皮卖有硬伤的皮衣喽。

那真是我迄今为止遇到的最艰巨的销售任务，我们将皮衣的价格定在 19 美元，消费对象定位为黑人，因为在美国，他们的收入普遍比较低，是低价产品的拥趸。为了把袖子长短不一和有洞的皮衣卖出去，我们联系了一个美国二线的嘻哈黑人歌手做代言，让他在演出时，穿着我们的破皮衣，为我们的破皮衣做颇为另类的代言。

当这个黑人歌手穿着奔驰牌破皮衣，唱着满是脏话的 hip-hop 在喧嚣璀璨的舞台上嘶吼时，那场面还真是挺酷的。靠他的带动，美国的黑人小青年对于袖子不一般长且有洞的皮衣竟然有了一定的接受力，谢天谢地，只要他们觉得酷就行，再不把这些皮衣卖掉，我就要被逼得唱hip-hop 骂人了。19 美元的破皮衣在黑人社区还算旺销了一阵，纽约的一些毒贩、街舞高手，有一阵子都穿着奔驰牌破皮衣乱晃，着实有些令人匪夷所思。

即便这样，我的仓库里还积压着近 2/3 的皮衣，除了亲爱的黑人消费群，我还得开发别的渠道。在美国皮衣销售界，巴基斯坦商人占据垄断优势，美国一多半的皮衣经销商都是巴基斯坦人。为了给积压的皮衣找销路，我开始联系巴基斯坦籍的经销商，看看他们中间是否有对便宜皮衣感兴趣的人。

煞费苦心，必有斩获。有个巴基斯坦商人对奔驰牌皮衣的价格产生了兴趣，但压价压得非常狠。他要的量很大，我开始怀疑他是否真有能力消化这批货，于是追问他要把货卖向哪里。

巴基斯坦商人开始时三缄其口，后来见我怀疑他的购买诚意，于是告诉我他有路子能把皮衣卖到难民营里，难民们买衣服不挑款式、质量，只求保暖、便宜，奔驰牌皮衣是难民们的最佳选择。

我听了之后，同意巴基斯坦商人的压价请求，但同时要求他不能以高价卖给难民，必须以低价出售，因为发难民财是可耻的。我把这个条款写到合同里，并要求巴基斯坦商人对神发誓，必须以收敛暴利欲望的方式将皮衣销售给难民。

巴基斯坦商人觉得我很善良，也向他们的神发誓，他将以低价卖给难民兄弟们皮衣，慈善第一，利润第二。

抱着不抛弃、不放弃的原则，我用了5年时间，把这批皮衣处理掉了，卖掉了3/4，捐赠出去1/4。想想这批皮衣温暖了很多穷困潦倒的黑人兄弟，以及难民营里在生存线上挣扎的难民兄弟，唉，也算对得起这批皮衣了，最终让它们物有所值。

杰克·韦尔奇的忠告

　　洛克菲勒中心（Rockefeller Center）号称能给游客以全新的建筑体验，是纽约地标式的建筑。而位于洛克菲勒中心第 65 层的彩虹厅（The Rainbow Room）则宣称任何来纽约的人都应该在此享受一份星期天的上午餐。

　　"彩虹厅"保留了它曾经的烂漫气息，奢侈华丽的装饰在纽约称得上数一数二。在这里，你不仅可以欣赏到最好的城市风光，还可以品尝美味的食物，并享受一流的服务。洛克菲勒中心作为杰出建筑而言，最精彩的部分就是"彩虹厅"本身，一个垂挂着金银色窗帘的小舞厅坐落在缓慢旋转的跳舞地板上。

　　在洛克菲勒中心第 65 层的彩虹厅举办的一次午宴上，我与杰克·韦尔奇（美国通用电气公司前董事长）有过近半个小时的交谈。我们的议题是企业的核心资源。

　　韦尔奇在对我的布道中传达了三点内容：

　　一是钱是最广泛的资源，员工一定要有强有力的利益刺激，才能有源源不断的新主意和产品创新，这会给企业带来持续增长的收益，以及劳动生产率的不断提高。因此，要面对现实，给予员工最充分的激励，对于高级人才只要认为值得就绝不吝啬付出。要做到换人不含糊，用人不皱眉。始终使用最顶尖的业务人才，不惜代价挖到手，要把人才的因素发挥到极致。在用人方面，头脑里不能有任何桎梏，完全打破等级、门户、辈分之见，让每个人、每个头脑都参与到公司事务中来。同时一定要让优秀的人才在公司的主战场和第一线感受他们自己的价值，让他们发现和看见自己工作的意义及其实现机制，否则会造成人才资源的浪费。概括来讲，就是将最巨大的支持和资源授予最优秀的人才。

二是任何企业都有两类问题：硬性问题和软性问题。硬性问题包括财务、营销、技术和生产等，软性问题是关于价值观、士气和沟通等。硬性问题通常会影响企业的底线——利润线，而软性问题则会影响企业的营业收入总额。如何解决这两类问题，首先要明白成功属于精简敏捷的组织。自信可以使复杂的问题简单化，而简单的程序可以保证快速的应变。其次是集中精力，绝对不妥协地向官僚主义开战。最后是竭力尊重有能力的人，让没有能力的人滚蛋。

三是作为公司的领导者，一定要具备以下素质。制定跳起来才可能够得到的目标。不论在任何行业，只把眼光盯住龙头老大，只参与行业内最有前景的领域，剥离没有创新空间的部门，不涉足业绩经常为外面环境的变化所左右的、自己无法控制的周期性行业。建立起对充分的准备工作和大量图表进行现实分析的极端癖好，随时准备全面分析对手可能采取的行动，只面向现实的经营前景，从不按照自己的期望、预测的所谓远景考虑问题，将自己的文化包括自信灌输给公司的每个人。

与员工沟通，消除管理中的警察角色，不要一味企图抓住下属的小辫子。从监视者、检查者、乱出主意者和审批者转变为提供方便者、建议者、业务操作的合作者。要记住，管理越少，成效越好。在公司内部，点子、刺激、能量必须源源不断，并且以光速传播。不要花太大的精力试图改变不符合公司文化和要求的人，直接解雇他们，然后重新寻找。

当然与韦尔奇的交流是双向的，在他向我布道的同时，我也利用我的知识面，传授了点儿他不知道的东西。我告诉他，资本主义分为三种：第一种是莱茵资本主义，讲求经济活力、社会和谐、环境友好；第二种是华尔街资本主义，以利用金融股票逐利为根本；第三种是儒家资本主义，讲求传承关系的东方式资本主义。

韦尔奇听了很感兴趣，并告诉我，他奉行的是莱茵资本主义，他一直在企业管理中灌输公益价值观和融入社区的意识，争取实施全球化战略中的地利和人和。

在午宴快结束时，韦尔奇还和我交流了如何开好公司会议的问题。他认为在公司内部会议上，一定要鼓励甚至逼迫每个人提出自己的独到见解。关于市场和生产方面的讨论和研究，可以连续几个小时地进行，但是一定要争吵，以贴近真实答案。要记住好主意来自四面八方，点子的沟通应该随时随地，枪毙一切形式主义的官样文章，这样才能开出务实、高效的公司会议。

最后，韦尔奇给了我管理公司的两条寄语：一是要做到一致、简化、重复、坚持，管理本来就是这么简单；二是只要员工做到了高要求，就立即给予奖励，让每份付出都得到最及时的回报。

　　韦尔奇对我的布道，对我后来从事生产领域意义重大，他的很多话像是火种，播撒在我意识的深处。

亲历 "9·11" ——人生不只需要勇气

"9·11"那天，我和历歌都在纽约。我在纽泽西，历歌在曼哈顿Javits展览中心里参加商品秀，距离世贸大楼也不是很远。

9月11日的那天早晨，8点43分，飞机带着十几吨汽油，撞在大楼上，温度高达上千摄氏度，大厦就像一块融化的巧克力一样伴随着巨大的轰鸣声倒塌。那是一种无法比拟的恐怖声响。其中还夹杂着人的惨叫声，随之而来的是更恐怖的景象，扬起的尘土和浓烟像翻腾的巨浪，足有40层楼高。

看到电视直播后，我心急如焚地给世贸附近的历歌打电话，手机里传来的却是没有信号的嘟嘟声，我的心顿时揪了起来。后来才知道，历歌所在的展览中心当时就闭馆了，所有货品放在中心内封存，并要求所有人马上撤离。历歌随着人流走在曼哈顿的大道上，看到从世贸方向逃出来的人，各个满身是水。因为世贸附近都是烟尘，逃出来的人都被烟尘裹得很严实，为了避免将烟尘带离世贸现场，消防员拿着水龙头将每个从世贸方向逃出来的人冲刷了一遍。

　　当时，四十二街的巴士总站也关了（汽车、火车、地铁中转中心）。望着远处冲天的烟尘，历歌只得盲目地跟着人流走，从世贸逃出来的人全都神情呆滞，根本没有勇气回头看，这让历歌也不由得心生恐惧。谢天谢地，我终于打通了历歌的电话，我问历歌在干吗，历歌说在排队，等着坐哈德逊河的摆渡。

　　我在电话这头异常诧异，按照我的直觉，曼哈顿应该成了人间地狱，人们肯定会像灾难片演的那样乱作一团了。谁知电话那头的历歌正在排队。当时满大街都是人，林肯隧道与荷兰隧道都关闭了，常用公共交通设施都停止运营，只有临时摆渡船开放。历歌说，所有的人虽然害怕，但沉默而有序，大家主动让残疾人和孩子先上摆渡船，其他人按秩序排队。历歌光是找队尾就走了一个多小时。

　　9点43分，美国国防部五角大楼也被恐怖分子所劫持的飞机炸得死伤过百。

　　下午，我终于见到了从曼哈顿坐船回来的历歌，劫后重逢，万千感慨尽在不言中。

　　后来媒体报道，世贸大厦的电梯是分段运行的。从1层到78层是一段，从78层再转电梯到达顶层。直通地面的楼梯1米来宽，按逆时针方向下旋。人们很有秩序地自动分排成两条道：左面离旋转中心近，总长度相对短一些，让老人和妇女走，可以更快到达地面；男士和青壮年自动选择右面。楼道里的人越来越多，一个紧贴一个，没有人推推搡搡，更没有人企图抢先；看见谁显出走不动的样子，就会有人去搀扶一把。大家精神集中，楼道显得挺安静，偶尔会听见轻轻的说话声，却没有人慌张叫嚷。甚至还听到有人开了个玩笑，显出让别人轻松一些的善意。各种相互安慰和鼓励的话也不绝于耳。"Don't worry! Calm down!"（"别慌！要镇静！"）"We'll be there!"（"我们没事的！"）……一切在自发状态中显得井然有序，有条不紊。

为悼念死去的亡灵，"9·11"当晚我遥望世贸原址，警察已经封路了，我只能在河对岸看着世贸大厦的残骸。"9·11"让我对美国人有了更加深刻的认识，也感受到了美国成为世界强国的原因。在生与死的灾难面前，大家表现得冷静而有秩序，对生活中遵守的那些准则没有丝毫背离，平时怎么做，生死考验面前还是怎么做，即便见上帝或下地狱，也不能让他们失去对规则和秩序的尊重，这太令人钦佩了。

美国西弗吉尼亚州矿难发生以后，12名失踪矿工并没有在爆炸中立即丧生，而是又艰难地生存了一段时间。每个矿工都有一个氧气瓶，可氧气瓶中的氧气只够用一个小时，在生死关头，几个年纪大的矿工一致决定将自己的氧气瓶让给年纪最小的矿工麦克伊。

正是有了年长矿工贡献出的氧气瓶，26岁的麦克伊终于等到了救援，成为13名失踪矿工中的唯一幸存者。

遇难矿工之一的马丁·托勒在遗言中写道："我现在没有感觉很痛苦，只想好好睡一觉。我爱你们！"马丁生前是萨戈煤矿的一名组长，今年51岁，在那里已经工作了30年。

在哈德逊河对岸，我望着瓦砾中的世贸大楼，回想那场举世闻名的矿难。我觉得"9·11"发生之后，美国人会更加团结，更加热爱自己的国家，一场爱国主义风暴即将席卷美国。后来发生的事证实了我的判断，在英雄消防员的感召下，美国展现出了前所未有的团结和爱国主义热潮。那段时间，所有的产品都流行印美国国旗，只要印上美国国旗的东西都好卖。

我和历歌也趁机给皮衣印上了美国国旗，然后将收入捐赠给了在"9·11"中遇难的消防员家属，他们是真正的英雄，敢于冲向火海、冲向死亡的英雄。在美国，我和历歌算是近距离亲历了"9·11"，虽然惊险，但其实并不危险。我们曾经遇到过一次危险，那真是与死神近在咫尺。

还在俄亥俄州做生意的时候，我买了市政府放弃的一个消防站做仓库、开公司。与我的房子隔着一条30米宽的马路有一个加气站，每天车来车往。一天，那个加气站突然爆炸了，油罐一个接一个地蹦向天空，爆炸声惊天动地，炸碎的油罐碎片飞向四周，每一块都是致命利器。

消防员和警察很快赶到现场，把我和历歌也从房子里疏散出来。我和历歌被警察疏散到远处后，我发现加气站的火势越来越大，似乎有扑不灭的架势。我心头一紧，我们的房子里堆满了货，大约是保不住了，更让我心急如焚的是，警察疏散我们的速度太快，我们什么东西都没带，有些东西是很重要的，比如，存在电脑里的客户资料，那是我们在美国奋斗多年的心血啊！如果失去，从零开始的代价太过残忍了。

加气站的火势根本没有小的意思，油罐还是一个个地蹦向天空，火红的油罐碎片飞向加气站四周的屋顶上。所幸我们的房屋是橡胶屋顶，因此嵌了不少碎铁片，所以还没有着火。

我终于忍不住了，一个箭步冲破了消防员的封锁线，拼命向我的房子跑去，身后传来历歌撕心裂肺的喊声，以及消防员的骂声。望着四射的红铁片，我已经奋不顾身，全力向我的房子冲去。

　　冲进房子后，我像个特工一样，以最快的速度把存有客户资料的主机抱起来就跑……

　　后来听消防员说，我才知道我的行动有多冒险。那是当地最大的加气站，加气站地下有个巨型的油罐，如果那个油罐爆炸，半个城市就毁了。在生死线上跑了个来回，我算是明白了，人生需要勇气，更需要运气，没有运气，人生只能是悲剧般意外。

我是最好营销家

从俄亥俄到纽泽西，再到纽约，从美国安宁休闲的中西部到繁华发达的东部，健身球在美国算是彻底卖火了，我开发了数百种图案的健身球，卖出去上千万副。

实事求是地说，我是美国的健身球大王。卖一样东西能称王称霸，达到垄断地位，那起码能证明我还是有点儿销售天分的。甚至有美国朋友称我是纽约最优秀的营销师之一，是美国的健身球皇帝。

关于自己能在美国贸易领域小有所成，我曾总结过一些经验，如果你觉得有自吹自擂的嫌疑，可跳过本章继续阅读。

第一，我是个好人，而且也一直在坚持做个好人。这看似与做生意无关，其实很重要，一个人的价值观如果出错了，会表现在他为人处世的方方面面，潜意识就会犯错，不自觉地就会骗人、坑人。我坚持做个好人，做个善良的人，这应该是正确的人生观。这样的人生观能播撒种子，获得更多回报。

我有一个重要的南美客户，他是多米尼加共和国的将军，同时也是一个专做市政建设生意的商人。这位老哥在他们国家混得很开，绝对是上流社会的头面人物。可他来美国跟中国人做生意，因为作风豪爽，嫌杀价跌份儿，从不杀价，自然屡屡被中国商人宰个痛快。他自从认识了我之后，发现我人好，从不找机会宰客户，因此他以后无论买什么，都让我帮他代办。当我去多米尼加游玩时，将军可以直接领着我进总统府。

第二，我有一个公平的心态，追求"按利是图"的准则。从不追求最大可能赚多少钱，而是考量自己应该赚多少钱。在我看来，追求利润一定要有底线，如果跨过这条线，人就会向不择手段靠拢，即便赢得了钱，也会输掉人脉、输掉未来、输掉人生。

第三，我建立了科学、合理的客户管理体系。我的客户都是按照严密、细致的等级来划分的，对于优质的大客户，我遵循服务第一的原则，保证能享受到最佳的优惠、最好的待遇、最长的账期；而次级客户，我遵循激励第一的原则，在保证服务品质的基础上，实施大尺度的激励原则，从中挖掘能成为优质客户的苗子；对于分散、随机的小客户，我遵循口碑第一的原则，确保他们对产品和服务的认同感，并能将这种认可传播到更广的范围内。

第四，对新的趋势或新的技术要有高度敏感性。比如，我在1986年之后就开始用PC，创业后用电脑管理客户，用当时最先进的软件，管理库存以及销售过程中的各个环节。

第五，一定要勤劳并且机智。说起勤劳，这是实现梦想所必须具备的一项素质。历数十来年跑商品秀、送货而跑坏的车，有雪佛兰、本田、福特、五十铃、雷克萨斯、悍马……总计达20种之多，到底有多辛苦，以至我自信我比大多美国人更加了解美国的高速公路。

为什么说要勤劳而机智呢？人生的危机其实无处不在，如果对突发危机处理不好，你所有的勤劳可能都会白费。美国的高速路是修得好，可危险同样存在。美国很多高速路周边都是森林，有很多鹿不时会冲到高速路上，而且鹿是没有视力的，因此每年都会发生无数起因鹿引起的交通事故。有一次，我开夜车，车速很快，人很困，咬着牙撑着眼皮往前开时，马路边漆黑的丛林里突然蹿出一头大鹿，很大的一头，比人都高。那头鹿蹿到高速路上时，我离它只有 10 米远了。回想起来，当时真是太危险了，如果我选择立刻猛打方向盘，以当时的车速推断，一定会翻车，而且不止翻一个跟头，同时还可能被旁边车道开来的车再来个二次撞击，可能命都没了；如果我直直地跟鹿撞上去，以那头鹿的体格和重量，也必将是一起惨烈的车祸。其实以当时那么快的车速来看，留给我考虑的时间也就是 0.1 秒钟。我做出的选择是，先不动方向盘，死命踩刹车，我能听到车轮与地面剧烈的摩擦声，在离鹿只有半米不到的距离时，我将方向盘打了不到半圈，车头偏了 45 度，蹭着鹿的身体飞驰而过。

事实证明，当时我用 0.1 秒做出的选择是唯一正确的选择。在美国出人头地不易啊，要一生勤劳，还要有 0.1 秒的快速反应能力。

我的美国生意经

在美国经商多年，跟美国大大小小的经销商打过无数交道，我总结了一些生意经，在此拿出来跟大家共享。提醒心怀美国梦的中国读者，学好英语固然重要，但学会做生意才是实现美国梦的关键，否则你只是个来美务工人员，顶多是打工的地方不同、层级不同而已。

生意经一：客户总会抱怨价格太高，我总是说一分钱一分货，以质量好来回复。事实上，要想在美国把生意做长久，一定要选质量好的产品。别忘了，美国有严密的信用体系，一旦你把自己的口碑做砸，很快圈子里的人就都会知道。

生意经二：价格是硬道理。特别是大客户，他们对价格的考虑绝对是高于对质量的考虑的。而且千万不要以为自己做不下来的价格别人也做不下来，在你这里一分钱的货，别的工厂半分钱就可以了。只要你的产品在价格上有竞争力，当然是在不牺牲质量的前提下，那你就直接来美国做生意吧。

生意经三：如果客户要求验厂，你的机会就来了，千万不要嫌麻烦，只有大客户才会在下单之前要求验厂。做生意一定不要怕麻烦，越麻烦的事背后越可能暗藏一块硕大的肉骨头。记住，麻烦很多时候就是机会。

生意经四：不要轻易地对客户说"不"，要选择巧妙的处理方式。例如，客户的目标价格实在是做不下来，可以说"我再帮您和老板争取一下"，或者推荐可以达到目标价格的其他产品给客户。

生意经五：关于报价单的问题。现在的客户大都有自己的报价单格式，方便比较，但是有的人不能理解，甚至偷懒，不能及时、完整、正确地填写客户提供的报价单，总拿自己的报价单应付。站在客户的立场上，连报价单这么简单的东西都做不好，怎么会放心把订单交给你呢？

生意经六：整理一份客户联系名单，最好是在自己的 OUT LOOK 里编一份，每隔一段时间就发一些新产品以及报价之类的信息，虽然只是举手之劳，却可以让客户对你保持印象。其实，有价值的客户是有限的，在经过前期的撒网和筛选后，如何让有潜力的客户下单就变成了第一要务，而让客户保持对你的良好印象是成功的第一步。

生意经七：要对成本、质量、品种、交货等各个方面做到心中有数。比如，交货地点的选择，这其中牵扯到的运费、仓储等会有极大差异。再比如，你要进口一批服装，产品的包装一定要设计好，一个包装箱内要遵循"2442"原则，即2件中号、4件大号、4件特大号、2件特特大号，小号则需要单独包装。包装设计合理，意味着货到美国后，不用再分拣重新包装，可以省去美国昂贵的人工费。如果你拿不准到底什么样的产品包装最适合发货，你可以先进一小批货，试试看包装合理与否。

生意经八：不要过度相信报关公司。报关公司只是按照一般流程给你报关，并不会就你的个案量身定制般去研究报关政策。出于对利润负责的考量，建议你自己仔细阅读关税表，选好税率，让报关行去报。比如，如果我给健身球报运动器材的话，关税就会很高；如果我报铁球的话，关税可以节省50%。当然，在自己琢磨好该如何报之后，你还要去海关试验一下，看看这么报可行与否。

生意经九：产品产地一定要标明。美国海关对此要求异常严格，一旦发现你进口的产品产地标志模糊甚至没有标志，这批货一定会被查扣在海关监管的仓库里，直到你把产地标志制作好，贴到产品上为止。如果货多的话，这是极费时耗力的活，而且海关的仓库价格昂贵，绝对让你大受其苦。

生意经十：在美国，不要害怕打官司，尤其是在商业合作中涉及的官司。在美国公司看来，很多官司之所以选择开打，是因为在商业谈判陷入僵局后，试图通过官司来寻找重新合作的机会。对方先起诉，对于法官判案来说，就意味着先入为主。因此，在一些商业纠纷中，双方都会抢着起诉对方，一旦官司了结，大家重新开始谈，很多时候并不会影响日后的合作。

我在做汽车橡胶件的时候，与美国一家叫UPR的公司产生了矛盾，这家公司虽大，做事却不太靠谱。合作时间一长，我和UPR的矛盾越来越深，尤其当我得知UPR买通我公司的员工，从我在中国的代工厂家偷偷进货后，矛盾再度升级。2004年，因为一个标的几十万美元的商业纠纷，UPR恶人先告状，将我告上法庭。

官司开打后，我和UPR都请了每小时600美元的大牌律师。记得官司开打后的第一个星期，我就花了 7 万美元的律师费，UPR 自然也花了差不多的钱。见律师费如此高昂，我琢磨得想个办法，要不然即便官司打赢，拿到的钱估计全给了律师都还不够。于是我想了个策略，解聘了每小时 600 美元的大律师，换了个每小时 150 美元的小律师。我给小律师下达的指令是，想尽办法把官司的周期拉长，慢慢跟 UPR 耗。小律师当然愿意，打拉锯战官司他挣得多啊。

官司打了 3 个月后，UPR 终于被高昂的律师费打败了，来找我和解，提出愿意满足我的诉求。官司和解之后，UPR 老板主动提出愿意跟我继续合作。我想官司的输家都如此大度，我作为赢家也没理由小气，便欣然同意。在美国打官司是很寻常的事，也不要把打官司视作你死我亡的阶级斗争，很多时候，美国的官司打得一点儿都不严肃，芝麻大点儿事也要去法庭走一趟。只要制定好策略，完全可以把官司作为缓解矛盾、寻找重新合作的契机。

在我看来，这些生意经不仅在美国适用，甚至通用于世界任何地方。它们是我思考、实践、沉淀、升华的成果，也是我收获的真正的人生价值，远胜于金钱。

第四部分

胸怀大局

赤手空拳成为通用供货商

2000 年之后，中国制造在全世界范围内打响了名头，当时关于中国的制造企业有个口号：除了航天飞机，什么都可以做，甚至连航天飞机也快能制造了。我觉得自己经商多年，跟美国企业打交道越来越得心应手，应该努力创造机会，在美国市场和中国工厂之间搭建桥梁。

给我的健身球做代言的美国手指艺术大师格雷格，在一次展销会上，无意中听到有个人在跟人聊天中说想找合适的中国制造企业生产汽车配件。大师一听，忙插话道："我的老板詹姆士是中国人，他一定能帮你找到对口的中国企业。"那人听后笑笑，不置可否。在格雷格的软磨硬泡下，那人才给了一张名片。

我拿到名片后一查，发现这家企业是美国通用公司一级资质的汽车配件生产商，专门给通用公司生产汽车上用的橡胶配件。我突然意识到这可能是一个很好的机会，因为这等于是通用公司的生产业务在寻找中国的生产商。

为了表示诚意，我专程坐飞机前往这家企业所在的城市，登门造访这家公司。看我不辞辛劳而来，总经理亲自接见了我。我解释了自己的来意，即道听途说他们要找中国的生产商做汽车配件，我非常乐意提供帮助，自信能找到最佳的合作厂家，能提供最优惠的价格，以及最及时的供货。

总经理是傲慢的白人马丁，用我们的话来说，一看就是那种很难说话的人。他听我解释清楚来意，问我之前是做什么的。我说自己是销售健身球的。总经理一听，露出那种周星驰电影里才有的夸张笑容。

马丁总经理问我知不知道汽车生产代表着一个国家的工业文明。他说，即便是中国专业的汽车配件生产厂家，自己都不敢轻易相信，而一个卖健身球的居然跑来要承接这种技术含量如此之高的业务，实在是大大的可笑。

他那夸张的笑刺激了我，我对他说："我是美国的健身球大王，是过去十年中纽约最优秀的营销师之一，几乎每个美国家庭都有我的产品，请问你生产的产品达到此水准了吗？"

马丁总经理听了，虽然还是一脸不服气，但却无话可接。看着谈话陷入困境，我说："总经理先生，请给我一个你的样品和图纸，再告诉我一个价格，我去生产样品，然后你来检验我们提供的样品合不合格，所有的费用我自行承担，可否？"

马丁总经理无法拒绝这样有诚意的条件，于是扔给我一个放在汽车底盘下面固定排气管的橡胶圈，告诉我如果我能以50美分的价格生产出来并运到指定地点，而且质量合格，那么我们就可以开始正式的商业谈判。

马丁总经理是用"扔"的方式，把橡胶圈给了我。虽然我很讨厌这个傲慢的经理，不过也能理解。中国之前有一些不好的案例，包括作弊、抄袭、不尊重知识产权，种种先例导致中国企业在美国市场是有原罪的。别人不可能拿好的眼光看待你，反而认为你天生就是有问题的，中国人犯过的毛病他就默认你身上都会有。我决定不争馒头争口气，一定要把橡胶圈做出来，让这个傲慢的家伙重新认识中国制造。

拿着这个橡胶圈样品和图纸，我飞回了中国，开始寻找一些大的橡胶配件生产商。在回国之前，我详细核算过了，国内橡胶厂的报价不能超过 30 美分，如果超过 40 美分，那我很难以 50 美分的价格交货。

跟国内各个橡胶厂一谈，我才知道事情并没有想象中那么容易，橡胶圈看着很简单，但技术难度一点儿都不小，橡胶里头裹着钢圈，更关键的是要承受得住 100 万次的耐受力试验。懂汽车配件的工程师告诉我，整车零件供应要求非常高，售后零件质量要求不一样，尤其是通用这样的大公司，对技术细节的要求非常苛刻。与橡胶厂的人坐下来一谈，发现能做这个小玩意儿的橡胶厂本就不多，而且报价均超过 1 美元。

这下我被难住了，怪不得美国的这家工厂不打算在美国本土生产了，一定是通用把价格压低了，让他们觉得无利可图。后来我才知道，哪里只是无利可图，根本就是亏本。而美国配件厂当时的难题在于，即便是亏本他们也得接这个单，因为不接这个单，通用将会把其他配件的生产订单也悉数收回。

我是个不轻易死心的人，为了不留遗憾，我回到熟悉的武汉，四处托人打听懂橡胶生产的工程师，想看看有没有可能找到小工厂承接这个业务。武汉熟人多，很快就有人给我介绍了一个从武汉橡胶厂退休的老厂长。

　　老厂长既通技术，又懂生产管理，找了个小型橡胶厂，用尽全力为我研发橡胶圈。这个生产任务的难度在于，不仅要符合严苛的美国标准，完成零缺陷的质量要求，还得计算赚出来针尖上的利润。

　　经过长达一个月的研发，奇迹出现了，老厂长殚精竭虑终有大成，跟样品一模一样的产品出炉了，而且经过详细预估，肯定能把价格控制在30美分。在拿到产品的那个瞬间，我对自己身为一个中国人而感到无比自豪，被中国制造的强大潜力深深折服，我觉得路只要闯出来，必将是开阔的风景。

　　现在想起来我也觉得不可思议，我在走进汽车配件领域时，称得上是"四大皆空"：设备技术缺乏、制造工艺空白、产品技术全无、设计技术缺失，可在这样一种情况下，我竟然拿到了通用的订单，成功实现了事业的转型。

创造了美国汽车工业史上两个"第一次"

　　成为通用的供应商之后，我逐步收购了武汉那家帮我们研发橡胶圈的橡胶厂，从此算是正式走入实业领域，开始了我创业人生的另一个新阶段。

　　汽车配件生产并不好干，作为工业产品，每年都必须降价。这算是一条行规，因为当你越做越熟的时候，成本自然会降低，甲方自然要求你周期性降价。问题是我们接手时，价格已经很低了，要贯彻这条行规，我们必须持续改进工艺。

　　为了在保证质量标准的前提下降低成本，我们动员全体员工开动脑筋参与到成本控制研发上来。第一，我们摆脱了橡胶成品的引进，而是自己进口橡胶原料再做加工，通过这一项我们节省了17%的关税。第二，我们实现了骨架板材的充分切割，最终我们的骨架板材切割利用率几乎是国内最高的。第三，我们加强员工培训，让焊接工序一步到位，提高合格率，减少损耗。第四，重新改革喷涂工艺，通过对喷涂设备的改良，提高涂料利用率。第五，对物流成本进行控制，保证运输环节的低成本高效率运行。总之，凡是能够再利用的，我们都会想方设法将它重新利用起来。

在推动精益管理时，我们工厂还提出了反浪费的七大项目，这七大项目包括等待的浪费、工序本身的浪费、动作的浪费、过量生产的浪费、搬运的浪费、库存的浪费、返工维修的浪费。每种浪费的内容，都罗列得一清二楚。通过这一反浪费措施的实施，我们当年的生产管理成本得到有效控制。

光靠从跑、冒、滴、漏这些细节来节能降耗远远不够，要从根本上做好节能减排文章，最终得从产品本身下功夫。这点我始终保持着清醒的头脑。首先我招募最好的技术研发人员，不间断地进行现场操作、取样、调试，结果产品各项指标均达到了预期效果。为了确保产品的可靠性，我们的工程师不仅翻烂了产品说明书，还几乎读遍了所有关于汽车配件生产的相关资料，逐步总结摸索出最佳的匹配关系。其次推行标准化作业，提高设备维护和操作水平，这既能减少设备故障，又能使故障迅速恢复正常。再次是细化生产现场各项制度和方法，防范事故的发生。最后是加强设备维修费用预算管理，追求设备的投入产出最优化。

当通用意外得知自己一级资质的配件供应商，居然将订单转包给一家中国工厂时，大吃一惊，急忙组团来我的工厂考察。虽然他们是抱着怀疑、挑毛病的心态而来，但我们工厂的实际能力最终让他们赞不绝口，并在回到美国后，将我们列为他的二类供应商，我们例外地进入了通用供应商的名录里。

随着对汽车工业的了解，我越来越感觉到我们拿到的不只是通用的订单，而是进入了一个圈闭的大行业。在不经意间，我创造了美国汽车工业史上的两个"第一次"：首先是零背景、零基础跨入汽车配件生产领域，并成为优质供应商，这是美国汽车工业史上从未有过的事情；其次是在最短时间内，凭借着设备创新、工艺创新、产品创新、产品技术创新、设计技术创新、前沿技术研究开发创新，创造了性价比最优的价格奇迹。

在之后的 10 年里，凭借出色的创新与研发能力，我们已与宝马、奥迪、美洲豹、路虎等世界知名汽车公司开展合作，参与到全球最新的高端车型的同步配套设计中。同时，我们生产的脚踏板橡胶件的年产量曾达到 1200 万个，这意味着有 1200 万辆车在运用我们生产的产品，占当年此类零件美国市场的 70%。

从我个人成功进入美国汽车配件生产行业来看，我对中国制造的潜力充满信心。是的，中国制造是需要从粗放式向精益化转型，但我们的技术研发能力其实并不像媒体描述的那么差，中国人是聪明的，只要有订单，没有什么是中国人做不到的。要对我们自己的智慧和能力有信心，像我这样的门外汉都能在美国工业制造领域取得一席之地，这就是明证。

在与美国通用的合作中，有件事让我印象深刻。有一次西海岸闹罢工，整个长滩的码头陷入瘫痪，这导致我们从中国运来的汽车配件无法抵达美国。如果我们的产品不能进入通用车间，就等同于通用公司的整车装配无法按期下线，将导致面对购车客户的大规模违约，这对于通用来说是天大的丑闻和巨大的损失。

危急时刻，通用启用了全球紧急事务处理小组，专项负责将我生产的汽车橡胶件以最短的时间运抵底特律车间。第一步，我垫付了 12 万美元的空运费，将配件运抵美国，由于在中国海关耽搁了点儿时间，运抵美国的时间又有所拖延，留给通用全球小组的时间更短了。第二步，全球紧急事务处理小组在机场接管了配件，然后让我见识到了什么叫不可能的速度。其中一个最经典的画面是，装有通用配件的火车在地上跑，通用派出的直升机途中截货，将火车上的货柜吊了出来，然后空运至车间。

在这件事上，我看到了美国企业的强大力量，以及他们在美国社会的主流影响力。

在给通用做橡胶件的同时，我还成了美国一家大卫生洁具公司的供货商，专门给科勒、美标这样的大品牌制作坐便盖上的金属件。原来不论是贵的马桶，还是便宜的马桶，扣马桶盖都是"啪"的一声，后来洁具公司委托我们做一种可以让马桶盖实现慢关的金属合页。在我们和其他美国本土厂商的共同努力下，通过设定金属合页的扭矩系数，终于使高端马桶扣盖时，没有那让人尴尬的响声，能够在人放手后匀速合上。

那段时期还有个荣誉值得提一下，2007 年，我荣获了新泽西华人优秀企业家大奖。奖项倒是其次，关键是很多熟悉我的朋友希望能把我的成功经验在美国华人圈里传播开来，给老华侨一点儿启发，给新华侨一点儿信心。

回家，也是重新出发

　　随着事业步入稳定期，我每周看场电影，每个月听场音乐会，有时还看看纽约的百老汇秀，光顾一下位于四十四街的哈佛俱乐部，渐渐地进入一种有张有弛的生活节奏，也许这就是所谓北美的"上等人"生活。

　　可这种生活过久了，我极度不适应，于是有了回国投资，进行第三次创业的念想。此时，赚钱对我来说，已经是次要的事，如何把自己在美国的经验，通过投资国内产业的方式带回中国，才是我最看重的。

　　2008 年，北京奥运会开幕在即，举国之盛事让我的思乡之情更加浓烈，于是我放下了美国的生意，带着历歌专程赶回北京来看奥运会。回国之后，见到一堆老朋友，在酒桌上喝大之后，我当场宣布，大家不是都想看奥运会开幕式嘛，我负责弄票。

　　第二天酒醒之后，我就开始着手买奥运会开、闭幕式的票，为朋友买，也为自己买。不买不知道，一买吓一跳，因为根本不是钱的事，没有通天的关系，一张真票都弄不到。想想也是，百年一遇的盛典，开幕式就几万张票，可中国有多少有权人和有钱人啊，根本不够抢。

　　从中国买不到，那我就从美国买，于是我就联系美国的顶级票务公司订购北京奥运会开幕式的票。终于有一家美国票务公司给我回复了，说有可能弄到开幕式一个 VIP 包厢的票，看台以及包厢能坐 15 个人，包厢里还有空调、沙发、食品、饮料等，是开幕式最高档的国家级别票。

　　我觉得不太可信，便问怎么会有这么好的票。票务公司告诉我，奥组委给每个国家分配了一个包厢，供开幕式观礼。有个非洲小国因国内政局动荡，高层首脑无法组团来华看奥运会，便委托美国票务公司把包厢卖出去，捞点儿实惠。

　　听闻此等奇事，真是感慨，大国有大国的烦恼，小国有小国的窘迫，连观看奥运会都来不了了。为防上当，我又找了美国的信用公司对这家票务公司做了调查，确认无误后，我把这个包厢拿下。

　　开幕式那晚，北京热极了，我们在有空调的包厢里，吃着果盘，喝着饮料，跟隔壁包厢的名流显贵们打着招呼，享受着旷世盛宴。

　　看了北京奥运会，我深切地感受到祖国的崛起，以及一种生于斯、长于斯的自豪，更让我觉得应该回国多找找机会。奥运会之后，我接触到了中国很多 70 后创业青年，发现他们越来越像美国创业者，有着强烈的结果导向意识。和中国人做生意强调关系，在他们身上变成了结果导向，行事风格变得非常直接，而且团队越来越强调个人英雄主义。

　　回国这几年，我投资了金融公司、动漫公司、生产企业、矿业、地产项目，甚至涉足了影视投资，初步完成了相对较完整的投资布局。在这些投资中，我实施的战略是多脑聚合、联合投资，利用团队式的投资方式成为战略投资人、价值投资人。投资看似复杂，但我喜欢把复杂的事情简单化，先选项目，按照排序法考察评价，弄清楚之后，就整合一个投资团队把项目拿下，然后再选聘一个优秀的总经理，选好后充分放权，再寻找下一个投资目标。

目前，大多数投资的项目都处于初期或中期阶段，但我不着急，因为本来也完全是想把一身所学贡献出来，帮助更多的创业者、合作者，让他们有广阔的视野，帮他们搭建世界性的平台。当然也有出成果的项目，那就是地产。

锡林浩特市是内蒙古锡林郭勒大草原上新兴的城市，是锡林郭勒盟政治、经济和文化中心，以盛产蒙古马著称。

我向锡林浩特的市领导提议，应该将美国马都的概念引入中国，将锡林浩特打造成中国马都，将世界各地的知名马种引入中国，同时建立国际标准的室内外赛马场、马会所、马术运动学校、马匹交易中心、马匹检疫中心等。

锡林浩特的市领导接受了我的提议，并两赴肯塔基州考察美国马业。经过努力，现在锡林浩特已被中国马业协会授予"中国马都"称号。

拉斐水岸位于长城脚下，紧邻官厅水库南岸，是我们北京利世鸿亚置业一个计划投资50亿元人民币的地产项目。占地1288亩，是一个集红酒经济、红酒文化展示、旅游休闲度假、居住功能于一体的百万平方米的小镇。

这个地产项目就在面积达2.3万公顷的官厅水库边上，离八达岭长城、康西草原、天漠沙场、卧牛山、黄龙山庄等众多旅游景点都很近，还设计了商业街、高级养生会馆、葡萄种植园、马术俱乐部、果岭高尔夫挥杆练习场、五大红酒主题城堡。

为了创新，我将拉斐水岸打造成中国第一家"航空小镇"。

"航空小镇"这个概念对于中国老百姓而言还比较陌生。航空小镇最早起源于美国，第二次世界大战后，美国出现了大量废弃的军用机场，而飞行员人数也由于战争的缘故急剧增加。充足的机场资源和飞行员基础促进了航空小镇的出现和发展。

如今美国的通用航空产业高度发达，全国有约2万个通用机场，几十万架通用飞机，形成了不少航空小镇。

我在拉斐水岸打造了一个"航空小镇"，不光要建立日常生活和飞行所需设施设备，还包括飞行学校、旅游公司、高尔夫球场、马术馆、航空博物馆等。

我相信在不久的将来，随着时代的发展和进步，中国的通用航空（通航）和低空飞行领域将实现快速的发展，飞机将会越来越融入普通老百姓的生活之中，目前独树一帜的"航空小镇"总有一天会成为一个有影响力的实业。

除此之外，我在国内还不断整合平台，搭建战略投资联盟。在进军房产领域的同时，我与中国传媒大学合作，将好莱坞最棒的特效公司引入中国。

办一所学校是我此生必须要完成的大事。目前，我已经在美国和中国布局准备，办商业精英教育机构，不久的将来有望推出。多年以来，我也一直心系母校武汉大学和中国传媒大学的发展，并有幸分别受聘为两校校董。2015年，我捐资500万元人民币，和刘亚洲等武汉大学校友共同为母校设立"武汉大学亚中创新教育奖学金"，以更好地支持学校的教学科研事业。

我从 20 世纪 90 年代在美国做贸易起家，2000 年之后成功转型生产制造领域，回到祖国搞投资，在地产领域初见果实，在通航和教育领域做准备。下一步怎么走？我已经想好了，就是立足于整合中国和美国这两个大国的市场资源，把触角伸向全球，在全球范围找机会，建平台。

其实人生就是一串串脚印，走得越远的人就越是真正的成功者。不安于现状，不断地学习，不断地追求，那样才能收获人生价值，演绎精彩人生。

尾声

美国生活絮语

有钱人的素质：纽约的曼哈顿堪称世界上最富裕的地区，然而当地95％以上的居民没有私家车，平时都乘坐公交车。每逢周末去海滩或乡村度假，也会选择租车。在曼哈顿的150万居民中，有30万人拥有自行车，街道不专为骑自行车的人设非机动车道，原则上自行车和机动车共享道路，并允许在城区工作而距家较远的公民携带自行车乘坐地铁。

美国中产阶级的定义：除了收入稳定、拥有一定的财富外，中产阶级群体还必须受过良好的教育、具有自由的意志以及普遍的社会关怀。中产阶级之所以成为美国社会承上启下的中坚力量，并不单单是因为他们口袋里的钱财，更在于他们具有"一定的知识资本与社会关怀"。至于是否拥有房子或车子完全取决于个人的喜好，取决于你选择什么样的生活方式，并不能作为衡量中产阶级的标准。

必需品免税：食物之类的东西是免税的，特别是那些生活必需品，比如，米、面、牛奶以及蔬菜。

"Please don't forget tax, never, ever!"（"请永远、绝对别把税给忘了！"）我每次买东西付账时，便自然而然地在心里将销售税加上去。

　　教育与壮大中产阶级队伍：美国的小学、初中和高中实行费用全免
政策。美国公立大学的学费比私立大学的收费低很多，目的就在于方便
穷人。而多数私立大学的收费也像医院那样，和家庭收入成正比。名目
繁多的各种奖学金为成绩优良的穷人提供了上私立大学的保证。上大学
是美国穷人和新移民步入中产阶级的必经之路。穷人上大学可以申请政
府补助，补助的款项包括学费、书杂费和生活补助。视贫困程度不同，
分别给予不等的补贴。学生暑假打工所得，在年底报税时可以享受税务
优惠。对算不上贫困但还未踏入中等收入家庭的子女，因享受不到政府
资助，读书期间他们可以无息贷款。待大学毕业 6 个月后，再计算尚未
付清的贷款利息。无论是富人还是穷人，子女的一部分学费在年底报税
时可以抵销所得税。连坐轮椅的、听力有障碍的、眼疾患者等，一视同仁，
都可以上大学。未婚和单亲妈妈们也不用犯愁，大学里有托儿所，专门
照顾学生们的小孩。美国政府想尽了办法，让大多数美国人能进学校，
以壮大中产阶级的队伍。

　　美国的社会安全体系（Social Security System）：凡合法居住在美国
的人，都必须到社安局申请一个号码，即社会安全号码。这个号码将陪
伴你一生，无论是读书，还是工作，或租赁房子、汽车……所有的合法
活动都需要这个号码。而社会安全福利（Social Security Benefits）是由雇
主和员工各交一半，占工资的 15% 左右，每年累积 4 个点，积满 40 点之
后，到 62 岁退休就可以申请拿那部分钱了。不过，必须等过 65 岁生日
后才能拿到100%。社会安全体系是由美国第32届总统罗斯福主导创建的，
是 20 世纪 30 年代大萧条时期的产物，是为退休老人的晚年生活提供保

障的福利制度，它的基本概念也是"劫富济贫"的。因为最后决定你一个月能拿多少社安金，是根据退休年龄前 5 年所交费用的一半来计算的，一般的富人早就退休了，最后几年多半是零，所以富人最后拿到的社安金通常少于穷人。

社会头衔（title）：各种 title 是各个公司自己定的，不需要得到行业的认定。单在纽约的花旗银行，4000 多名职员中就有 400 个"VP"（副总裁）！

契约：普通人不必在信用卡公司或银行存钱就可以拿卡，个人支票可以用于支付各项开支。但是，在美国，你不能搞任何欺骗行为。一旦被发现，你将悔之晚矣，一个污点会毁掉你的终生，往后不论找工作抑或贷款都没人理睬你。

在美国和加拿大，税法对残疾人也是实行优惠的。比如，侏儒，由于家里的一切家具用品都是以特殊尺寸做成的，因此，这些花钱请人工制作的特殊费用，可以在年底报税时冲抵所得税收入。公司如果聘用残疾人，税法上也是有特殊优惠的。我们平常之所以看不见人们在公共场所给残疾人施舍东西，或是搀扶盲人过马路，是因为在这个社会里，残疾人和正常人拥有同样独立的人格，他们不需要带有怜悯和同情的帮助，他们在政府部门设立的特殊学校里经过专门训练，具备日常生活的能力，这些费用都由纳税人支付。

位置：美国人照合影，一般是谁想站中间谁就站中间，很多时候站第二排角上的某个人反而是官最大或钱最多的，照相时拼命往中间挤的一般都是亚洲人。美国的很多公开活动没有贵宾席一说，谁去得早谁坐前排，哪怕见总统时也一样。

价值导向：要融入美国生活，就必须在价值导向上下功夫，比如，遵守公共道德、学会做义工、参与政治，这些都是真正融入美国的必要功课。

理性程序的社会：美国社会是具有理性程序的社会，一切都有计划地发展，不是东打一棒西砸一拳，样样都要，结果处处落空。反而浪费了时间，蹉跎了岁月，懈怠了斗志。一定要懂得制订短期、中期和长期计划，与大目标配合，良性积累，一步一个台阶，最后一定能步入成功的殿堂。

取经哈佛商学院

别开生面的案例教学法

哈佛大学成立于 1636 年，是美国最古老、最著名的大学之一。哈佛是为纪念第一位为其捐资的慈善家约翰·哈佛而命名的。哈佛商学院每年招生约 800 名，包括工商管理博士、在职管理人员课程学生，在籍学生达 4000 多人，规模为美国之最。

哈佛商学院的名望不仅因其首创了 MBA 学位，也不仅是由于它在管理教学中首创了案例教学法，更不仅缘于它拥有一个庞大的明星教授群，还因为它确确实实向美国社会输送了大批极其优秀的人才。正是这些毕业生在社会上的卓越表现，才使哈佛商学院扬名世界。

商学院按学生的背景、经历、特长、兴趣配组成班。学生中有美国参议员的子女，有已经获得博士学位的理科生，有奥运会运动员，有西点军校的教官，有税务律师，有会计师，有银行家，还有工程师。哈佛商学院重点培养学生的五种能力：一是通才的眼界，使学生能全面地考虑一个组织的问题，在较大范围内了解组织的状况；二是培养分析和综合能力，使学生能把那些含糊的、没有条理的信息条理化，做出对问题的准确解说，进行创造性的选择；三是技术和专业技能，包括各种商业手段和职能方面的专业阅读；四是商业道德；五是专业成熟，使学生能在各种竞争中出色地完成任务。

美国《幸福》杂志的调查显示，美国 500 家最大公司的高层管理人员中，有大约 20% 是哈佛商学院的毕业生。他们活跃在各公司的总裁、总经理、董事长等显赫位置上。他们所经营和管理的公司，都是全美甚至全世界声名卓著、资产雄厚、独霸一方的超级企业。对社会和经济发展所作出的贡献使他们为世人所肯定和尊重，也使他们的母校成为人们心目中超一流学府。不少人将哈佛商学院的 MBA 证书，看作是进入高级管理阶层的通行证。

哈佛的成功，一部分还来自在工作招聘方面广泛的联系以及学院多达 3.6 万名的毕业生关系网。哈佛的学生在管理、交流技巧以及全球经济、市场和金融方面的能力，得到了用人单位的极高评价，在上述领域中，哈佛商学院在全美都名列前三。

2000 年，我就读了哈佛商学院的 OPM 班，也就是国内俗称的"老板班"。这个班并非有钱就能上，对招收学员的管理年限有严格的规定，并要求学员创办的企业年销售额必须达到 600 万美元，且必须为公司的大股东，英语口语也须娴熟。

哈佛"老板班"的课程分为三大部分，第一部分是"工具箱"，第二部分是"使用"，第三部分是"做大之后如何转手或上市"，总结起来有以下主要内容：要求学员掌握评价会计报表的手段和计算产品成本的方法；学习在不确定情况下如何决策及行动；用概念的方法来评估大形势，提供管理框架和分析手段；学会为深层次的公司目标调度资金；了解企业组织中人的需求、动机与行为的关系；理解什么是企业文化，什么是企业组织结构，企业中人与人之间的关系；如何对企业内存在的各种问题、报告、提案和决策等进行调查，并向企业内外进行传达和交流；如何通过分析有关生产过程、操作方法、生产能力利用率、作业规划、新工艺采用、质量控制等多方面的实例，来有效地使用人力、财力、原料、机器，以组织日常的生产活动、降低成本、提高质量、增加投资收益率，并学会制定远期生产战略和技术开发战略。总的来说，哈佛大多数的课程运用各种不同技术以构成分析框架，哈佛的课程设置要求学生超越分析，要求把分析变成行动并付诸实施。

在哈佛学习期间，让我印象最深刻的是哈佛商学院的案例教学方法。哈佛的案例教学不同于我们常用的举例说明，而是一种启发式、讨论式、互动式的教学形式，它的主要特点是：把现实中的问题带到课堂，把教学双方带到矛盾的冲突之中，把枯燥单调的理论章节变成解决真实问题的公开讨论，把教师的单向教授变为师生之间的教学相长，把个人的思路变为集体的智慧，把一个战略性的、束之高阁的理论框架变为解决现实问题、可操作的实践。教师的讲授，不再是提供问题的答案，而是给学员提供解决问题的各种方法。

我记得在一次案例教学课上，教授给出一个企业并购的案例，提供了很多详细的背景，让大家分析讨论这次并购是否合理，结果是否成功。像往常一样，大家意见各异，有的认为并购合理，有的持反对意见，并直言主导并购的企业董事长是个脑残。讨论结束后，教授发言："大家讨论得很好，下面一个环节我们将请出当事人——主导并购企业的董事长来现身说法，刚才大家的讨论，董事长已经在隔壁通过视频全看到了，下面我们有请他来说说当时他的真实想法。"这堂课讲得极为生动，大家都感到无比诧异，同时都觉得这样的案例课实在是太实用了。

哈佛商学院为了保证课堂教学所用案例的多样性和全面性，所有的案例在正式列入课程之前，都要经过反复认真的讨论。一个案例通常要讲两三节课。每节课80分钟，每节课开始，任课教授通常先指定一个学生起来说明案例、分析问题并提出解决问题的手段，或者指出实现公司目标的方法和途径。所给时间一般是5~10分钟。然后其他学生则分别从自己的角度来分析同一个案例，阐述自己的看法，并加以分析、判断，以及在哪些地方比第一个发言者所说得更好。

哈佛商学院的这种教学方式，针对性和实用性很强，充分调动了每个学员的积极性和创造性，帮助学员把已有的理论知识转变成解决实际问题的能力。哈佛商学院的教授认为，案例教学没有正确的答案，只有不同解决问题的方案，案例教学训练的是一种系统思考问题的方法和采取行动的勇气与决心。也许学员来学习时只有一个问题，学习后会变成10个问题。但同时掌握的解决问题的方法会增多，思路会开阔，处理问题的自信心会增强，决策和管理的能力也会提高。

通过在哈佛商学院的学习，我感觉案例教学与一般基础理论课相比，对教师有更高的要求。哈佛大学经过几十年的磨炼，培养了一批熟练掌握案例教学的教师。从事案例教学教师的作用不同于直接授课，要介绍分析框架或理论工具，引导学员的分析过程，对学员的不同观点及时进行分类梳理，对有些重要的理念给予提示。这些都要求教师吃透案例，并且有广博的知识、较强的逻辑分析、要点概括和驾驭课堂的能力。

我们在哈佛商学院学习时有幸领略了多个大腕级别的案例教师的风采和魅力。这些从事案例教学的教授，每个人都是激情飞扬的演员，他们把课堂变为舞台，投注了自己全部的热情，这种热情也感染了每个学生。这些教授更是控制课堂的导演，每节课就如同一场电影，要在单位时间内完成教学任务，还要让尽量多的同学发言，严格控制着课堂节奏，热烈而不混乱，有序而不死板。案例教学的教授往往善于聆听，他们有谦虚的态度和博大的胸怀，认真听取同学的发言，积极鼓励不同的观点，耐心梳理大家的意见，勇于接纳批评和反驳，创造出一种师生之间平等学习的良好氛围。

记得一位人力资源专业的教授给我们介绍一家银行的业绩评价案例，他讲得声情并茂，我们听得聚精会神。他不时提出一些问题让大家分析和思考。有一位坐在前排的女学员声音比较小，而这位头发花白、身高1.9米多的教授，甚至跪在地上以便听清楚这位学员的回答。他根据我们的回答在黑板上列出若干解决问题的方案，并请大家分析各种方案的利弊和可能的后果，以及在世界不同国家实施各种方案的可行性。课程的最后，这位教授开出一系列书单，从中可以找到分析此案例的理论支持和必要知识。尽管教室内有空调，但是80分钟的一节课结束后，这位教授的衬衣都被汗水浸透了，此情此景让我们每位学员都非常感动。

我至今都记得自己在哈佛商学院第一次做案例报告的经历：担任

市场营销课的教授点名叫我谈谈美国一家电器公司的案例，我的心顿时怦怦直跳。我扫了一眼笔记，试图回忆起昨晚已经拟好的报告要点。当我意识到自己并没有计算出这家企业盈亏平衡点的销售量时，顿时紧张不已。

教室安静极了，所有的眼睛都盯着我。我迅速调整状态。在我发言时，教授将计划的目标和关键步骤一一列举在黑板上。我花了大约10分钟时间，讲了这家电器企业应实施的市场营销策略，策略的投资预算和时间进度安排，以及对付各方面竞争对手的应变措施。当发言进入总结阶段时，我甚至有些得意扬扬。因为就在昨天晚上，我已经和同学充分讨论过这个案例，我确信自己的报告是一流的，然而我话音未落，几十只手毫不客气地举起来，他们像是已经准确无误地找到了我计划中的各种漏洞，准备攻击我的计划。这就是我在哈佛商学院第一次做案例报告的经历。

哈佛商学院讲课用的案例与一般学院所用的案例有很大的不同。一般学院往往预先准备好了案例的分析结果作为正确答案，但哈佛商学院认为一个案例的正确答案，绝不是唯一的案例分析结果，而是一个中间产物，最后总会留下很多悬而未决的问题。因此，哈佛商学院有时甚至有意识地在案例制作时把一些重要的资料或数据漏掉。哈佛商学院重视如何根据形势变化去确定更好、更有效的管理手段，而不太重视经营问题的解决结果。

从某种意义上说，在3个学期里学完100多个案例，就好比用两年时间玩一个巨大无比的拼图游戏一样。尽管每一小块都有特定的位置，但先拼哪一块，从边上、从角上或是从中间拼起，可以是千变万化的，全凭个人意愿。

哈佛商学院的案例分析教学法注重从实战出发，学习什么是经营和如何经营。发给学生的讲义和资料靠死记硬背是绝对消化不了的，要想把课程内容真正学到手，就必须每天晚上读完两三个案例，还要对它们进行详细的分析，并勤做笔记。要充分准备好一个案例，一般需要两个小时以上的时间，对阅读能力和分析能力有着严苛的要求。

哈佛商学院的案例教学法采取不断地向学生施加压力的学习机制。学院对学生成绩的评分，有一半取决于课上发言，另一半则视考试成绩而定，极少有书面作业。没有人能够在哈佛商学院"混"个文凭出来。在哈佛商学院经历过的一切，会深深地影响学生的性格，改变学生将来的人生。哈佛商学院的学校生活会使学生不断地向自己的智力和忍受力发起极限挑战，并帮助和促使他们延伸这些极限。

在哈佛商学院学习时还有些小细节令我非常感慨。为了便于大家相互认识，学院为我们每个人制作了一个标识姓名的胸卡。一次在课间休息时，为我们开设营销分析案例的教授看到我的胸卡后，主动向我询问健身球销售的情况。看到我面带惊讶的神色，他向我解释说，在我们入学之前，他们都要充分了解每位即将入校学员的专业背景，以便在授课时更有针对性。由于做了非常充分的准备，他能够一看到每个学员的姓名，就知道这个学员从事的专业。如此我才明白，为什么在课堂上老师有时点名让某位同学就某个案例发表意见时，该案例所涉及的专业领域"恰巧"就是被点名的学员研究或从事的专业领域。原来功夫在课外。另外一个小细节体现的是哈佛商学院开放和灵活的校园文化。在哈佛商学院，每个班级都有自己的欢迎仪式，一来客人，就"哗"的一下站开，做一个开场秀，很有意思。

如何定义成功的管理者

哈佛商学院认为一个成功的管理者应该是一个全才，至少应具备三种技能，即技术技能、人事技能和思考技能。面对企业组织日益复杂的今天，管理工作成了一件十分复杂的事，要想成为一个好的管理者，必须每件事都要做得圆满，他必须是：一个好的策划人；一个组织能手；一个协调人；一个管制人；一个分析人；一个推动人；一个设计人；一个意见沟通人；在许多情况下也必须是个老师；一个好学不倦的人以及一个决策人。

另外，哈佛商学院还认为具有创造力是作为一个出色管理者的必要素质，而具有创造力应培养如下特质：

1. 好奇心，这决定创造力的大小。

2. 具有创新和开放的思想。

3. 对问题具有较强的敏感性。

4. 在困难面前能够自信，在机遇面前能够大胆。

5. 不急功近利，但不优柔寡断。

6. 能够在庞杂的事情面前抓住问题的核心，做出正确的选择。

7. 具有创造性的记忆，使记忆的片段相互联系。

哈佛商学院自认为是世界级企业 CEO 的摇篮，CEO 是企业的总指挥，其能力的高低直接影响着企业的生存与发展。实际上，一个 CEO 就像一个乐队的指挥一样，每种乐器各自为政地演奏时很吵闹，但通过指挥者的努力、洞察及领导，就能将其配合成为有生命的乐章。但是，指挥者毕竟不是作曲家。CEO 则不然，他既是作曲家，又是指挥者。这一特殊的身份，就要求 CEO 在企业的经营管理活动中明确自己所扮演的角色。

面对我们这些已经是企业管理者的学生，哈佛商学院因材施教，培养我们各方面的决策能力，而且要做到这些决策的自我认可。换句话说，哈佛商学院就是培养我们成为更具独立思考能力的管理人才，让我们掌握成功经营企业的思路和方法，教会我们一种能力，使自己能够站在一个高层次来把握和分析问题，能够面对复杂多变的情况，把重要的和不重要的事情区别开来。即使缺少足够必要的信息，也能够做出正确与果断的判断和指示。

在哈佛商学院，我明白了要想成为一个成功的企业家必须完成的六项任务：建立工作环境；制定战略；分配资源；培养经理；组织业务以及监督经营情况和计划执行情况。而哈佛商学院仍旧靠案例分析培养我们具备完成这六项任务的手段。哈佛商学院的案例主要是商业发展中的各种经济事件，它的范围非常广泛，随着教程内容涉及面的扩展，各种各样的案例都有，包括用人、广告、策划、营销、管理、预测……可以说，任何一个单位或企业发展过程中可能面临的问题，在哈佛商学院案例中都会找到雷同的事件。

通过案例分析，哈佛教育我们思考自己作为一个企业的总指挥，应该具备怎样的品质，应该扮演怎样的角色以及如何培养这些品质，怎样在不同情况下扮演不同的角色。可以说，哈佛商学院对我们的教育是对MBA 课程的总结与升华，它促使我们由量变到质变。哈佛商学院讲授的是真正的"管理"，而不是"管理学"，它培养的不是知识型的专业人才，而是能力型的管理高手。

另外一点，我要着重强调的是哈佛商学院的开放和灵活，鼓励学生可以做自己感兴趣的事，其中很多是非常前沿的领域。当时的互联网热潮还没兴起，E-mail 也只是计算机系学生实验室中的东西，但在哈佛商学院已经有不少于 10 个通信俱乐部。当时的 VC 也只是萌芽阶段，全世界也仅有几十个具有规模的 VC 企业，但在哈佛商学院的 VC 俱乐部中已经有 400 多个会员，这样的氛围无疑是最好的学习条件。

一起进修的企业家同学

哈佛商学院是世界顶尖的商学院，来这里学习深造的企业家，很多在他们自己的国家或者行业都是顶尖的人物，当真是有钱人中的精英。与他们一同在哈佛商学院上课，近距离与他们接触，本身也是一种学习。

中国香港的陈茂波当时跟我一块儿在同班上课。入学之处，陈茂波给人的印象是温和而谦虚，从不说自己如何如何，我们都以为他就是中国香港的一个普通老板，猜测他的事业可能也做得不大，自然说不出什么道道来。

一次上课时，一位著名的金融学教授问了一道艰深的财务题，大家都答不上来。教授看大家都不发言，于是点陈茂波起来发言。陈茂波轻声细语地把问题剖析得透彻无比，提出的解决方案精致而全面，那位教授听后，感叹不已。

一个不显山不露水的人，一出手就拿下一个所有人都觉得棘手的难题，这种强烈的反差让其他人都对这个人倍加尊重。课后，大家都想了解陈茂波的真实背景，能让哈佛商学院教授都叹服的人，绝对不一般。

原来陈茂波当时是中国香港注册会计师协会的会长，相当于中国香港无数财务总监、会计师们的领袖，如果不是特别优秀，是坐不到那个位子上去的。陈茂波后来当选为中国香港政府贸易发展局局长，这是中国香港政坛排名前十的重要职位，进一步证实了他的优秀。

我曾认真观察过陈茂波，满腹经纶、身怀绝技自不必说，课堂上小露一手，便技惊四座。让我更为感慨的是，他待人接物从容有礼，把东方儒家文化那种宽厚内敛的精神真正灌注到灵魂深处，日常生活中，他举手投足之间就会让人感受到一种深沉和优雅。

西方人喜欢以刚克刚，在竞争和对抗中，比的都是明码的胸大肌，甚至他们喜欢的体育明星，都是像詹姆斯那样的"皇帝"级球员。而陈茂波代表的东方式谦谦君子之风，则是把强大的实力用谦卑的低调展现出来，追求自身与他人及周边环境的共生共荣，这其实是一种充满了哲学意味的生活方式。事实上，班上几十个国家的同学都高度赞赏陈茂波，觉得他的做人姿态和处事方式充分体现了对别人的尊重，因此也最值得被人尊重。

在同窗读书期间，我跟陈茂波深聊过一次。聊天内容证实了我的判断，儒学文化对他影响很深，他认为《论语》是最高级的处世哲学，能培养出对社会充满责任感的真君子，这样的人才是贵族。陈茂波说，欧美传统意义的上流社会阶层，即那些富超五代的家族，虽没读过《论语》，却都是按照《论语》的精神来做人及教育子女的。可见，东方文化其实是普适真理，即便现在，在中国港台地区、日本、韩国，还能看到东方文化相对完整的传承，在内地却沦丧殆尽，令人痛心。

　　当时班上还有个来自菲律宾的女同学，30岁不到，是菲律宾一个华裔豪门的大小姐，或许是同根同源的关系，跟我比较聊得来。

　　关于她，有三件事让我印象深刻，一是这位女同学家里有钱，她家多大我不知道，只知道有三间屋子是专门用来给她放鞋的。她的鞋太多太多了，以至于她专门为她的鞋做了几大本厚厚的画册，以方便出门时挑选，应对不同场合。

　　二是菲律宾贫困人口多，治安差，绑架事件频发。她家为保平安，花钱从警察局雇了几名警察当保镖。我听了觉得不可思议，警察居然也可以花钱雇，那要打官司的话，雇个法官判案，岂不是无敌了？不过考虑到每个国家情况不同，菲律宾的警察局为创收，特供安保业务也无可厚非。

　　三是她家与李嘉诚等亚洲巨富家族关系非常密切，她约李泽钜出来吃饭，那是毫不费力的事。从这件事上，我才知道亚洲的这些超富家族之间，彼此有着相当密切的关系，他们组成了一个紧密而坚实的利益体。由此我理解了中国那句古语：穷人因人而富，富人因脉而贵。像李嘉诚、霍英东这辈的富豪是穷小子因人而富，等到了他们的儿子辈，人脉、财脉四通八达、根深叶茂，就是因脉而贵了。

　　安东尼也来自菲律宾，是菲律宾的大企业家、大地产商，也是宝马菲律宾总代理。他旗下还有两个航空公司，一个客运，一个货运。他在首都马尼拉仅在建的地产项目就有4个，苏比克湾也由他来做整体开发。他的太太跟阿罗约是中学同学兼一生的闺密。阿罗约当上总统后，去他家做客，还会像以前一样，直接打开他太太的衣柜，挑到合适的衣服就直接拿走穿。他二儿子结婚，阿罗约是证婚人，还专门乘坐专机飞到一个小岛上去参加婚礼。

安东尼在哈佛商学院是一个不起眼的老头，60岁了，皮肤被晒得黝黑。安东尼跟我关系很好，一方面是由于我外向，喜欢与人交往；另一方面是安东尼很早就想在中国做生意，可惜一直没找到契机。

安东尼后来成为我一个重要的生意伙伴，我们俩牵头成立的中菲商会，会聚了中国和菲律宾很多优秀的商人，旨在促进两国企业家之间的融通交流，以期利用商会这个平台，最终达成一些商业合作。中菲商会发展到后来，商会内20名菲律宾企业家总的年营业额能占到菲律宾GDP的60%，如此壮举，令我颇为自豪。

从安东尼和陈茂波身上，我发现一个特点，凡是真正有实力的人，似乎都是一个品行，说话做事低调、谦和，待人接物宽容、厚道；反倒是有些小企业家，活络外向，看上去咋咋呼呼的。对比自然界一个现象，狮子、老虎这样的猛兽都是静悄悄地靠近猎物，等待时机合适，猛然出击，而喜欢喧哗吵闹的往往是猴子、小鸟这样的小角色。万事一理，要成就一番大事业，必须有大胸怀、大格局。

在安东尼的邀请下，我曾去过菲律宾两次，受到极为隆重的接待，入住的是马尼拉最高档的香格里拉大酒店，出行都是直接坐安东尼的直升机。去一趟菲律宾，我才算知道真正的企业家是什么排场。

在哈佛商学院认识的一个美国同学，他后来成为我武汉企业的合伙人。他是美联储的董事，家族一直承接美国政府的铸币业务，是真正意义上的美国上流社会人士，通俗点儿说，从美国独立战争时期开始，美国的钢镚就都是从他们家的工厂出炉的，他们家的工厂就是美国硬币制造厂。

他多次请我去他的别墅度周末，那幢别墅位于一片开阔的平原上，周边便是森林与河流，平原上随处是野鹿和野兔。有天早上有几头健硕的野鹿用脑袋撞击窗子玻璃，把我惊醒。那种身处童话世界般的梦幻感，很难用语言来形容。

有个印度来的同学，是印度钢铁世家的"富二代"，来哈佛商学院读了一个星期书，就退学了。他说，从小家里就雇有40多个用人，而来了哈佛商学院，每人住一个标准间，不让带用人，他发现自己什么都不会干了，连衣服都穿得乱七八糟的，系个鞋带就像捆个绑匪般费劲。

无奈之下，印度同学只好辍学，临行前，他对我说："詹姆士，我真的不习惯没有40个用人的生活，以后来印度找我吧。"我一直想有时间去印度看看这位大少爷在40位用人簇拥下的生活，可惜一直没时间去，煞是遗憾。

我曾经私下里总结过这些哈佛"老板班"同学们的成功特质，发现有以下一些特点：一是他们的头脑富有远见和创造性，能将表面看起来不相关的事物汇成新颖的组合，及时发现潜在的市场；二是他们中的大多数人都好似一种十足现实主义和超级乐观主义的矛盾综合体；三是他们中很少有人来自所谓的特权背景，相反，他们中的大多数都是明显来自非特权家庭，甚至贫穷的环境；四是财富只不过是他们所作所为的附带品而已。他们真正想做的是去创造、去管理，并以一种难以抗拒的务实冲动将语言转化为行动，去让产品、服务和自己团队的人员得到成长。

世界上毕竟只有极少数的富人，我们更应该认真分析和考虑如何使自己富有起来。

现在国内商学院的企业家班很火爆，一年的学费就是 50 万元人民币起，这是好事，人能在一把年纪的时候还有学习的心态，本身就值得鼓励。但我仍然要强调，如果你英文不错，来哈佛商学院上课吧，那种收获是你在别处无法取得的。

美国特色的阶层文化

在哈佛商学院上课，认识了不少美国的大老板，对美国的上流社会圈子和社会精英阶层也有了一定的认识。能进入美国上流社会圈子里的人必定是有钱人。但有钱人是否能够真正进入美国的"上流社会"则还要看他的钱是"旧钱"（Old Money，指经几代经营赚来的钱），还是"新钱"（New Money，指靠自我奋斗赚来的钱）。如果他手中的钱属于"新钱"，那么只能说是属于按经济实力划分的"上层阶级"，还算不上严格意义上的"上流社会"。处于经济"上层阶级"的人是否能使自己成为"上流社会"的一分子，归根结底是要看"上流社会"的人是否接纳你，而接纳你的条件自然是你除了有钱，从内到外是否跟他们是一路人。

来自美国上流社会的人，除了在言谈、举止、穿戴、休闲方式、居住地域、个人价值观等方面与普通人不同之外，还应拥有一些被社会公认的共同"背景"。比如，上流社会的子弟一般在少年时都会进入有名望的私立寄宿学校接受教育。这些有名望的私立寄宿学校（又称"私校"）大多位于美国东北部、新英格兰地区，其中多数又属于美国主教派教会（又称"基督教圣公会教派"）办的教会学校。

在纽约的上东区街道上，你能见到由家庭教师陪伴的穿着洁净校服的学童去私校上学。当年，小肯尼迪就读的私校就是位于东八十九街的圣·戴维中学，这是一座建于 1919 年的乔治亚式古典建筑。上流社会的子弟在完成这些学校的预科学习后，直接进入普林斯顿、耶鲁、哈佛等常春藤名校。

随着"朝阳工业"的兴起、"夕阳工业"的没落，南部阳光地带（石油产业）和中西部高科技产业（航空航天产业和信息产业）的"新钱"不断地向东北部地区的"旧钱"发起挑战。伴随着金钱产出方向的改变，南部和中西部地区也开始学习东部地区，相继建立了一些私校。

在美国社会中，个人的社会关系网络早在中学时代就已经建立起来。在私校中，出自同一家庭背景的学生及他们共同接受的教育已经让他们结成了"神圣同盟"。可见在这个世界上，规则是象征性的，潜规则是决定性的，不管哪个国家，概莫能外。

再说说美国的社会精英阶层，美国的"社会精英"有三种：政治精英、经济精英和技术精英。一个人能否成为"社会精英"可以与家庭背景有关系，但更多的还是靠自我奋斗及接受完美的教育而成为某一领域的佼佼者。

有人曾经考察过美国的《社会名人录》，发现美国大公司的董事多数出自上流社会，而美国的政治家、高级军事将领、宗教领导人则更多地出自中产阶级家庭。这些人是通过自己的努力或接受完美的教育而成为"社会精英"的。

还有一个有意思的现象，美国政府的决策集团及中央情报局、司法部门，大多从社会的上层阶级中吸收高级决策人员。许多上流社会的家庭成员还直接参与政治竞选，如肯尼迪家族和洛克菲勒家族。

那么，美国的上流社会圈子和社会精英阶层是如何看待财富的呢？通过个人奋斗取得财富是美国式的神话，这种社会风尚从根本上体现了在美国占统治地位的宗教——新教的道德伦理观。

回顾历史，乘着"五月花"号轮船最早来到新英格兰地区的欧洲移民就是那些躲避欧洲宗教迫害的清教徒。清教类似加尔文的新教，把财富的积累看作上帝恩宠的表现。美国新英格兰地区最早发迹的商人和制造业主几乎无一例外都是清教徒。如美国垄断财阀保罗·梅隆的祖父托马斯·梅隆从小就接受了清教徒的伦理观——"赚钱乃是上帝的旨意"。他在拜访了一位富有的实业家后就立志要与这些阔佬"平起平坐"，这成为他一生的奋斗目标。

在美国，赚钱是一种美德，赚了钱之后究竟该干些什么事情？《圣经》中有一段记载，耶稣曾对他的门徒说：富人想进天堂比骆驼穿过针眼还难。换言之，富人进天堂的前提条件必须是散尽钱财。这与美国上流社会的一些人热衷于慈善事业是有关联的。另外，美国的新教还有一个说法，就是富人只是上帝的管家，不管有多少钱，都是属于主人（上帝）的，富人不过是暂时帮上帝管理着。富人一旦逝去，这些钱就要回馈社会。

美国钢铁大王安德鲁·卡内基起步时一无所有，去世时总共捐献了3.5亿美元。美国铁路大王范德·比尔特也是试图通过对艺术的捐献来摆脱自己出身贫穷的阴影。当今世界首富比尔·盖茨与夫人一起创建了比尔和梅琳达基金会，该基金会每年的捐款金额超过了 10 亿美元，用于资助医疗、保健事业。

在欧洲，有贵族封号的人不仅意味着他的血统纯正，还意味着他的举止、教养、风度，甚至道德方面都为人楷模（当然，历朝历代的贵族阶层都有丑闻缠身也是不争的事实）。同样，在美国一个人有可能在一夜之间暴富，但他绝不可能一夜之间迈入受人尊敬者的行列。要赢得世人的尊重、要得到社会的承认还需要练"内功"。卡内基音乐厅、杜克大学、福特基金会等名字似乎都在提醒人们注意，现在处在美国上流社会的人士在巧取豪夺的同时，还有事业成功后回馈社会的另一面。

美国精英阶层普遍的一个好习惯便是合理安排时间。我和一个美国企业家谈语言学习的事，他说当年在纽约上过一个古希腊语虐习班，每天实打实上课 8 小时，其他的时间，除了睡觉、吃饭，全部用于写各种作业练习，大概也要花上 6 小时。每天一小考，每周一大考，每天学习到深夜两三点，如此坚持了 10 个星期，学了大约相当于两年的课程。语言班很多，没有最疯狂，只有更疯狂，报这个班的必定是强悍的人，否则神经必然崩溃。在高强度的学习里，他锻炼身体没有间断。我问他是如何做到的。他斩钉截铁地说："我每天都跑步，十多年不断，再忙也跑步，这是我生命的一部分！压力大的情况下，尤其要约束自己的行为，你要考虑放纵的后果。对于必将会后悔的事情，现在就不要做。比如，吃饭，我不吃垃圾食品，不吃比萨。因为如果我吃披萨的话，我就跑不动了！现在我就是再忙，也自己做饭，保证合理的饮食和健康的习惯。"有运动习惯的人就是这样，你不是有意识地下指令，而是顺应身体的需要。

让你的意志跟着身体走，而不是身体勉强服从于意志！为了不让生活起冲突，你必须安排好时间！在我看来，这样的人才是内心强大的贵族。

毋庸置疑，美国的上流社会和精英阶层都是富豪，但我发现这些美国富豪娶的老婆普遍相貌平平。通过多年的观察，我可以负责地说，美国富豪的老婆大多不漂亮是真理般的规律。在美国，美女要想嫁入豪门，比靠自己奋斗当富豪都难，这是为何？

放心，绝对不是因为美国富豪审美畸形，富豪也是普通人，不会说钱包鼓了，眼神就瘸了。富豪既然能成为富豪，如果财富不是从上辈人手里传下来的，那在一定程度上能证明此人智商不错，情商也不错，财商就更出众了。因此，他们对于婚姻做出的选择往往是科学的，甚至可以称之为圣明。

美国的富豪往往把性爱、情爱和婚姻进行清晰的划分。婚姻是慎重的长线投资，进行这项投资的重点在于满足个人的心理需要，出于此种投资考虑，对妻子的选择自然会以贤惠和智慧为重，毕竟贤惠和智慧是会随着时间不断增值的财富。将婚姻投资给这样的配偶，相当超值。遗憾的是，既贤惠又智慧的女子不见得那么美丽，这便造成了富豪的老婆普遍长相普通的局面。

至于美色，在美国富豪看来，统统是不断贬值的短线投资。美貌是最容易随时间贬值的东西，而精明的富豪绝对不会为贬值的东西投大钱，更不会长期持有。JP摩根银行的投资顾问罗波·坎贝尔先生在他的博客上表达了类似的意思："用华尔街的术语讲，每笔交易都有一个仓位，跟美女交往属于'交易仓位'（Trading Position），一旦价值下跌就要立即抛售，而不宜长期持有——也就是美女想要的婚姻。"

　　美国的有钱人有着固定的圈子和阶层文化，价值观和思考模式自然也会趋同，一些积极向上、充满责任感的道德准则，自然容易被富人广泛认同，并付诸实施，最明显的例子就是慈善。试想，一个美国富豪如果不热心于公益，那就意味着他将被踢出上流社会和精英阶层，失去社会地位，谁会愿意被孤立呢？反观中国的富豪，并没有形成稳定、具有统治力的上流社会，只是为了利益而结盟，缺少组织对其的约束力，因此容易做出一些失德、失仪的事情。

向犹太人学金融本质

　　有一个流传甚广的犹太人的故事：有一个亿万富翁（犹太人），全家要出去度假一周。在离家前，他去银行贷款5000美元。银行的业务员问他准备拿什么做抵押。他说他有一辆劳斯莱斯，不知行否。"劳斯莱斯？当然行啦！"那个业务员脱口而出。

　　亿万富翁那么有钱，为何还要借5000美元呢？原来当时贷款的短期利率是每年18%，5000美元借一周只有不到20美元的利息。而如果将劳斯莱斯交给保险公司的话，一周至少要付50美元。他借5000美元，不就等于只花了20美元的保费吗？而银行的车库比一般保险公司的车库还要保险。

　　从这个小故事中，犹太人的精明可见一斑。华尔街的大脑就是犹太人。华尔街80%以上的投资产品是犹太人发明的，要论财商，谁都比不了他们。你想真正明白金融的本质，就要拜犹太人为师。

　　从1997年到2000年，媒体也紧跟着华尔街天天"吹"大互联网泡沫，新闻报道连篇累牍地登载某某公司的清洁工，因为公司发不出工资来，用干股顶了一段日子的薪金，结果公司上市，清洁工一夜之间成了百万富翁。

那时候，人们见面问得最多的一句话就是："你的公司上市了吗？"那么什么叫期权呢？就是公司给你一个权利，在公司上市之后过一段日子，能以某个价格，购买自己公司一定数目股票的权利。P/E（Price/Earning，每股的股价和利润之比，一般翻译成"本益比"或"市盈率"）又是什么呢？面对这些神奇的字眼，当时的我心潮澎湃，迫切想在哈佛商学院多学一些关于金融和投资的知识。

在哈佛商学院，一位犹太裔的教授给我们讲投资课，着实让我摸到了投资和金融的一些原则性门道。他是华尔街的一位传奇人物，2002年，股市最低迷的时候，他搞了个对冲基金，创下了每年40%回报的纪录。

教授说，犹太人擅长将非常简单的东西复杂化，故意把本来用75%的加减法，加上24%的乘除法，外带1%的积分微分便能说清楚的事情，刻意地加以包装。金融归根结底是一种supply（供）和demand（求）的关系。任何东西的价格都是由它们而定，供为分母，求为分子。大家都知道华尔街依靠交易量而存在，那怎样才能产生和增加交易量呢？

华尔街的"供"是各种股票和债券。而人的本性是贪婪的，金融高手就是要设法将他们的贪婪转化为需求。于是，你时常会听到些令人垂涎欲滴的好消息，比如，哪只股票一年涨了多少，哪个行业有大大的利好，诸如此类的消息多如牛毛。这样一来，"求"自然就会增大，在"供"不变的情况下，股市不就上升了吗？而一直上升也不行呀，上升得太高，只有买没有卖了，量不就下来了吗？"幸好"人类还有胆怯的一面，一且利好出尽，跟着自然就是利空，大伙儿一怕，"求"不就下降了吗？求和供之比下降，股市就会下跌。

关于大家关心的房地产投资，犹太教授是这样讲的：日本是一个岛国，而且平原少，人口密度全世界第一。日本的经济在 20 世纪 70 年代开始腾飞，房价和股市同步一日三蹿。到 80 年代末的时候，整个日本的房地产总值，超过美国房地产的总值加上股市的总值。那时的人们都说日本房价不会跌，日本政府更是鼓励银行放贷，全力地支撑着。可他们忘了那个支撑物价的基本规律：供求关系。即那个需求必须是有效的。什么是有效的呢？就是人们要负担得起，才是有效的需求。我当时就预测日本房价撑不了多久，结果，90 年代初开始崩盘，不到两年，很多地方便跌回到 70 年代初。记住，"没有一棵树能够永远朝上长"（"There is no tree can grow forever"）。

房地产本质也是商品，既然是商品，就一定会符合商品的价值规律。在衡量一只股票的价格高低、有无泡沫时，我们通常用的是 P/E 值（Price to Earning，市盈率），也就是价格和利润之比。比如，通用电气公司，目前每股在 40 美元上下，每股每年所得为 4 美元左右，其 P/E 值在 10 左右，属于合理价位。如果 P/E 值超过 15，就是高估了，有泡沫之嫌。当然在个股的具体分析时，还参考具体情况，看公司是成长型还是成熟型等。

同样，看一个地区的房价有没有泡沫，首先可以看房价和收入之比，也就是当地的平均房价和当地居民的平均收入之比，参考位置地点，一般在 3 ~ 5 之间属于合理，而超过 6 就算离谱了。房价与租金之比更为准确，一般在 10 ~ 15 之间属于合理范围。比如，我当时居住的森林小丘，一套二居室的公寓平均价格在 20 万美元左右，而每年的租金在 16000 美元上下，房价与租金之比是 12 左右，还不算离谱。我有个朋友在中国香港租了一套市价为 500 万港元的房子，每年房租只不过十五六万港元，房价与租金之比超过 30，依我之见，房价是被严重高估了！

现在华尔街的游戏越玩越复杂，每年都有大量的新花样出来，要成为"街上高手"，必须不断地花精力、财力投资自己的大脑。当今社会什么都是商品，你要把自己也当作商品，想使自己成为最有价值的商品，就要不断地增加外界对你的"求"。投资不单是有形的金钱投资，更重要的是对大脑的投资。

教授关于人是商品的概念，让我深感认同。一个人在商业社会生存发展，就是一个从产品向商品转化的过程。产品是爹娘给你的身体和生命，但如何变得对社会有用，如何成为一件有使用价值的"商品"，甚至是"奢侈品"，确实需要不断地学习，这也是我来哈佛商学院学习的目的。

在没来哈佛商学院之前，我尚不懂期货是什么，来了之后，终于彻底弄明白了。"期货"是买卖双方在期货市场上签订的一种契约合同。这种合同定时、定量、定价买（long）卖（short）某种货品，包括各种债券、外汇及具体某种实物等。比如，有个农场主每年收获 100 吨玉米，正常情况下，应该能卖到 1000 元一吨。但他担心玉米因丰收而跌价，就每吨 1000 元卖了 100 吨的玉米期货。要是玉米真的跌价，自然卖不到好价钱，但他投玉米期货就赚了，正好弥补亏损。这个农场主所做的是 hedge（对冲）。而和他签订期货合同的买方，要是那年玉米的价格超过每吨 1000 元则赚，而跌到 1000 元以下就亏了，就像在赌场里下注赌"大小"一样，也就是"冒险投机"了。

"期货"的保证金比一般股票"麻筋"比例更低，只需总价的5% ~ 10%。"麻筋"有杠杆作用，期货本身也有杠杆作用，"麻筋"加上期货，真是杠杆加杠杆，获利与风险比例均比股票高。买卖"期货者"获利或亏损的幅度，可以是本金的数十倍乃至数千倍！

在期货市场上，做投资和做投机的双方看得最为明显，一方的目的是对冲他的收益，而另一方则是赌他的运气。这两方就像是一对"欢喜冤家"，少了任何一方这出戏就唱不起来了。有个华尔街的大腕说过："我在做几千元的小交易时，人们叫我投机者；而等到我投 10 个亿进入一个大项目时，人们则都称我为银行家了。"真可谓："胜者为王，败者为寇！"

期权和期货，和投资股市有所不同。期货市场是一种 Zero-sum Game（零和的游戏），就像 4 个人打麻将，有人赢必定有人输，即同一段时间内所有赢家赚的钱和所有输家赔的钱相等。期货市场只是经济价值的再分配，而不会创造新的经济价值。投入股市的钱则就不同了，股票透过商业机构的营运业务增长，可以创造新的经济价值，若经济环境稳定，大部分股民靠长期投资都可以同时赚钱。做期货有时来钱快，但风险比股市高太多了，所谓"成也萧何，败也萧何"。

好莱坞电影《华尔街》里葛登·杰奎（Gordon Gekko）有一句经典台词，道出了华尔街玩家们的真谛：钱这样东西没有减少也没有增加，只是从这个人的腰包转到了另一个人的腰包而已。

教授还谈到了钱的"time value"，即所谓钱的"时间价值"。举个例子，在 100 年前的纽约，坐一次地铁只需 5 美分，买个热狗 3 美分。而现在，坐一次地铁要 2 美元，买个热狗至少也要 2 美元。可见，同等数目的钱随着时间的推移不断地发生贬值。教那门课的老师亚瑟说过的一句话令人印象深刻："投资不一定会赚，但你要是不投资，肯定亏！"为什么呢？因为不投资的话，你放在家里的钱随着通货膨胀只会渐渐贬值。

犹太教授让我们看了一份报告，报告统计了美国前 80 年各种投资工具的回报率。在这 80 年中，美国有过多次的股市狂飙、房地产高涨的美景；也经历过经济大萧条，经历了"9·11"，经历了几次股市大崩盘，经历了房地产泡沫的破灭。上上下下几度沉浮，这份总结性的统计报告非常能说明问题。

在 美 国 几 乎 每 家 银 行 都 是 FDIC（Federal Deposit Insurance Corporation，联邦保险公司）的成员，所有的存款账户都有 FDIC 保险，即使你存钱的银行倒闭，每个 10 万美元以下账户的钱，都将由联邦保险公司支付偿还给客户，完全可以高枕无忧。

按这个统计报告，如果你在 1925 年有 1000 美元，要是放在银行里，到 2000 年会"变"成 1 万美元，这 80 年来的平均年利息是 3% 左右。听上去不错吧，涨了 10 倍。但不幸的是，这 80 年的平均通货膨胀率是，在 2000 年要 1.5 万多美元才能抵得上 1925 年的 1000 美元。也就是说，将钱存银行的结果竟是亏了不少。看来要保值增值的话，将钱存在银行的普通账户里是不行的。

其次看政府债券，如果 1925 年投入 1000 美元买政府债券，到 2000 年就会增值至 7 万多美元；再接着看房地产，1925 年市值 1000 美元的房产，到了 2000 年就会值 10 万美元左右，平均增值率是每年 6%。投资房地产和政府债券差不多，增值率可以超过通货膨胀。

接着再来看看投资股票的回报率。每个不同阶段选100家有代表性的 large cap（大公司）的股票平均值，假如1925年投入1000美元的话，到2000年的市值是200万美元，平均年回报率为10%；而最高的是投入不同阶段的1000家 small cap（小公司）的股票，平均每年的回报率是14%，到2000年值3500万美元！

假设每年投资的回报率是20%，本金10万元，如果按照普通利息来计算，每年回报只有2万元，10年后连本带息涨到30万元，整体财富增长只是两倍；但按照复息方法来计算，即10万元的本金，10年后会变成62万元，比30万元多了一倍还多！

随着时间的增长，复息效应引发的倍数增长会越来越显著。若仍以每年20%的回报计算，本金10万元，30年后就会变成2374万元之多。

1626年，美国的土著印第安人以24美元的价格出售了今日曼哈顿的土地。听上去太贱卖了吧，现在24美元连吃顿像样的晚餐都不够。假设当初土著人将24美元放进银行，按每半年6%的复利计息的话，到2006年，他们将可获得1000多亿美元，比目前曼哈顿五条大街的房地产的总市值还要高！这就是所谓复利效应的"神奇"了，真可以和爱因斯坦的"相对论"相媲美。

股票交易所只是个二手货的市场，股票的价值并不反映公司生意的现状或历史，而是对公司未来挣钱能力的数值估计。从美国股市来看，投资股市是可以让资产增值的一种可靠方式，但在中国股市上，情况就可能完全不同了。

向印度人学团队精神

在哈佛商学院，一个关于印度人团队精神的学习案例对我很有触动，这个案例研究了印度人在美国 IT 行业立足的前世今生。

Y2K（千年虫）的到来让许多美国公司措手不及，因为美国人自己短期内要解决问题的话，成本太高，于是印度人便得到了机会，帮美国解决了千年虫的问题。

有了做这个专案的履历，印度公司在美国 IT 行业打响了名头。千禧年过后，印度 IT 公司用低价策略杀入美国市场，紧接着外包兴起，促进了印度大型 IT 公司的发展。印度有些软件公司，单是编写程序的工程师就超过 5 万人，而中国大概还没有一家总员工数超过 5000 人的软件公司吧。

为什么印度人能在美国这个 IT 强国抓住机会？很重要的一个原因，便是他们的团队精神。正像有句名言所说：没有完美的个人，但有配备完美的团队。强大的团队精神可以造就完美的团队，而完美的团队可以使一家企业立于不败之地，甚至可以让一个国家赢得世界的尊重。在美国人看来，印度人跟犹太人一样，有着坚不可摧的团队精神。

　　印度软件公司善于利用传、帮、带，实施的是兵团作战的策略。在美国的印度技术人员，会将本族裔一些技术和经验不怎么样的同胞引入技术工作岗位，通常是一个业务高手先把活儿承揽下来，然后再招聘两个新手，高手分配活计给新手做，新手一两年后便能独当一面。然后，他们出去再带新人，逐渐把其他族裔的员工逐一排挤出这个行业。

　　很多华人在美国找工作去面试时，只要见到印度人，大抵在心理上就会放弃，因为印度人会尽一切可能留住这个位置以安顿自己的同胞。印度人在美国公司一旦当上经理，有雇人的权力后，用不了多久，他的下级便全是印度人了。华尔街公司的每个房间里几乎都有印度人，有的公司食堂里居然还提供印度餐，因为印度员工实在是太多了。印度人中有一个说法：一个印度人做了头儿，第二年他手下全是印度人；而一个中国人当了头儿，第二年他周围就只剩他自己了。对于这个说法，我虽然听了很郁闷，但不得不承认这是事实。

　　不仅是人与人之间，印度公司与公司之间也有协同作战、攻坚克难的意识。印度大的电脑软件公司会像头狼一样先负责在美国闯出名堂，然后再与很多小的本国公司联手，将美国的业务带回印度去做，而后再派人员来美国做维护工作。许多印度工程师是通过工作签证来到美国的，据统计，他们得到的签证名额，占整个美国工作签证人数的60%以上。印度公司帮助本国人来到美国，利用美国公司来训练印度的信息技术人才，经过训练的人一回国便成了行业高手，在印度本土就可以带领一班人马，形成一个良性的循环。

从 2000 年开始，我便有意识地关注印度企业。其中一家大的印度公司叫"资讯系统技术公司"（Infosys Technologies Ltd.，华尔街交易符号：INFY）。到 2007 年时，员工接近 8 万人，当时的年营业收入超过 35 亿美元，市值 300 亿美元。这家公司在印度有自己开办的技术大学，对待学生训练简直像军营。组织纪律严明，各系之间分行业、分各类技术，十分壮观！

成规模、成建制的高素质技术队伍，恐怕正是很多中国企业所欠缺的，也造成我们无法像印度那样成为美国技术信息服务外包最大的供应国。当然这样的印度公司能够高速发展，与印度政府财税政策上的支持、对知识产权保护的力度以及语言优势也有相当重要的关系。

反观在美国闯荡的中国人，大多都是单打独斗型的。这些人里头，很多是美国一流院校毕业的硕士、博士，属于高素质、高技术人才，但他们普遍的发展观却是不断补强自己的技术，把本职工作做得足够惊喜，但并不图谋获得一个行政岗位。他们觉得，自己英文不如人家老美好，只要技术级别能够不断提升，保证自己在人才市场找份好工作，那就足够了。至于走上管理岗位，提携更多的华人后辈，能这么想的人就已是凤毛麟角，更别提付诸行动的了。

其实不管在哪个国家，人生在世，凭本事吃饭的观念并非通行无阻，空有一肚子真本事，可供展现"功夫"的舞台被别人抢了，你一样白费劲。印度人大举进军美国信息技术产业时，中国的信息技术精英们已经不知不觉被赶出这个行业了。失去平台，你的学历、能力都会遭到严重贬值。

在纽约，尤其是在华尔街这样的地方，清华、北大、中科大的高才生比比皆是，个个独立人格意识都特别强，脑子反应快，做事的速度也极快，看起来简直完美而无可挑剔，很多也都成长为公司的技术骨干。但这样的人才都喜欢靠自己的本事吃饭，不懂得团结，缺乏印度人那种团结一致的精神。

华尔街精神——不违法的贪婪

在哈佛商学院进修，华尔街是逃不开的一课。虽然学完之后并不能立刻成为金融行家，但对华尔街的精髓算是看明白了。教授讲，华尔街本身就是靠着贪婪而存在的。从另一个角度上来说，不违法的贪婪正是华尔街的精神所在。也就是说，华尔街的精髓就是亘古不变的人性的贪婪。

在证券分析课上，教授讲了牛顿炒股的故事。假如你的股票经纪人推荐你买一只股票，你问他这家公司做什么，他告诉你，他也不知道具体做什么生意，只是保证你能赚到钱。你觉得这听上去像是诈骗。但在300年前的英国，最好卖的股票都是让大众摸不着头脑的生意。

1711年，南海公司成立，号称要帮助政府筹集因战争欠下的巨额债款。作为回报，英国政府授予南海公司垄断权力。公众坚信这种垄断特权能创造巨大财富。南海公司的董事们为配合公众的信任，将办公室装修得极尽奢华，购置豪宅尽显自己的阔气。其实，南海公司的主营业务是贩卖黑奴，可黑奴的高死亡率使买卖获利甚微。

1719年，英国与西班牙战争即将结束的消息，使公众相信南海交易能在持续和平中获利。南海公司的董事们也抓住机会，在全国发行了3100万英镑的股票，股价迅速从130英镑跃升至300英镑。有的散户拿到股权根本不用付钱，只需简单地将手头拥有的股票再卖给南海公司，股价每分钟都见涨。

到了1720年4月，南海公司新发行了300英镑一股的股票，可以先付60英镑，分8次付清。当时连英国国王都无法拒绝这样的诱惑，预购了10万英镑的股票。几天之内，股价升至340英镑。

为了满足公众的需求，南海公司又新发行了400英镑一股的股票。这次人们真的疯狂了，股价一个月之内升到了550英镑。6月又接着发行新股，付款方式更简单，只需预付10%的头款，剩余的未付款在一年内付清。股价飞升至800英镑，最终飙升到1000英镑。

谁不爱钱？而且连英国国王都炒股，牛顿很自然地从一开始就参与其中，没多久就赚了一大笔。牛顿经过缜密思考，觉得南海股票在340英镑时就已经超值了，怎么算南海公司都赚不到这么多，于是他见好就收。然而，牛顿的理智还是被疯狂的股价击败了，南海股票依然疯涨。几番犹豫，待涨到800英镑时，牛顿再也坐不住了，再次购买了大量南海股票。

可是他这次却被套了，南海泡沫在股价升至1000英镑时瞬间破灭，随后股价狂跌，跌到根本没人接盘，就差白送了。被套牢的牛顿赔掉了2万英镑，相当于现在的760万英镑，折合成人民币超过1个亿！事后牛顿沮丧地说："I can exactly calculate the motions of heaven bodies, but not the madness of people."（"我能准确地计算天体的运行，但无法计算人们的疯狂。"）

　　教授总结得很有道理，贪婪的风险和市场的秘密是华尔街精神的具体体现。从牛顿炒股的故事中我们看出，心理因素的影响大大地超越了实际的因素。心理作用之所以能对股票有如此强烈的影响，是因为买卖股票者不可能视钱为身外之物，得失心一重，导致判断失误。都知道"Buy Low Sell High"（低买高卖），但身在其中，谁又能做到冷静？决定股市涨跌的因素太多太复杂了。

　　教授觉得股市没有秘诀，市场的情绪不但影响着股票的价格，还和企业的财富密切关联。如果不去研究背后起驱动作用的心理因素，就不能识别出隐藏在虚假繁荣背后的危机并做出正确的判断。人的本性中充满了不确定性，要想在金融市场上获得成功，更多靠的是一种艺术而并非精密的科学计算。如果投资是一门艺术的话，那么它就能被掌握。熟能生巧，不断在金融市场上实践，你才能发现自身的弱点，从而避免犯同样的错误。

白宫中东特使的秘密演讲

　　美国驻伊拉克前特使是与萨达姆打交道时间最长的美国人，也是公认的最了解萨达姆的美国人。在美国发动伊拉克战争的前两个月，有同学利用私人关系把他请到哈佛商学院给我们讲课。

　　特使看上去非常疲惫，他想坐着讲，发现讲台边没有椅子，只有一张讲桌，于是干脆面对着我们，一屁股坐到讲桌上，开始了他称之为"秘密演讲"的演讲。特使最先讲的也是我们当时最关心的问题，就是美国到底会不会进攻伊拉克。特使很确定地告诉我们，这场战争一定会打。

　　他认为，首先萨达姆是个独裁者，耳朵里容不得异见，长此以往，最严重的后果便是，萨达姆身边没有敢讲真话的人，都拣好听的、萨达姆愿意听的话说。因此，萨达姆满耳朵听的都是乐观的话、光明的话、奉承的话，这些话听着舒坦，却暗藏祸患。乐观的信息接收多了，萨达姆错误地以为小布什不会打他，觉得美国政府没有勇气将士兵的尸体运回国内。其实小布什是个牛犊子性格，见了红布就尥蹶子猛冲，绝对不管不顾。当一个做出错误预判的总统遇上一个愣头青总统时，战争就变得不可避免。

特使讲完对战争的预测，开始讲美国人的思维模式。他承认，美国人习惯于先验地从自己的方式中获得"正常"的观念，并不自觉地作为其判断是非的标准。结果便是把自己放在"正常"位置上的同时，把别人放在"异常"的位置上，于是"天经地义"的东西就变成"唯一正确"的事情了。

特使最后讲了一个笑话，说有个朋友问他美国历史上有没有一个时期，人们具有绝对的"对错"意识。他先是不假思索地说没有，想了想后，说："有，在清教徒时期。除此之外的很多时期，美国都认为自己唯一正确，这显然是不对的。"

在哈佛商学院经常会有这样的高人大腕来做演讲，其中很多人的演讲内容都堪称硬通货，让人受益匪浅。

让货品永远处于"待售"状态

在哈佛商学院上课，门槛高、学费贵，但真的开了眼界、长了见识、通了人脉、学到了东西。相比哈佛响亮的牌子和所谓的世界级的高端人脉，我还是觉得学到东西最有价值。

在哈佛商学院这样的名校读过书，总会产生一种强烈的归属感，这种归属感固然与名校的历史与气场有关，最重要的原因还是校方对教育文化专业、贴心、细致的经营。

比如，每个哈佛校友都有一个终身邮箱。别小看这个邮箱，校方会定期给邮箱发送讲座、聚会、活动的信息，这个邮箱也将你和哈佛商学院永远联结在一起。

哈佛商学院图书馆楼下的商店，连书签都是皮革材质，书签的穗子也是皮质，柔软而有韧性。两枚书签都是以哈佛商学院院徽为核心的圆形图案，用机器冲轧形成。图案外圈的文字是"Harvard Business School"。图案当中部分是哈佛商学院的盾牌形徽章。徽章上方的红色长方形中展示了三本翻开的书，书中的文字分别是"VE、RI、DAS"，合起来就是"Veridas"，这是用拉丁文写的哈佛商学院校训"真理"。这些精致的小东西统统是哈佛商学院凝聚力的体现，每年都为哈佛商学院从校友那里募集到大量的善款。

除了终身邮箱和小工艺品外，哈佛商学院还会组织大量的同学聚会，这种同学聚会的种类会分得很细，有同班或同级的同学会，还有从事相同行业或工作的跨年级同学会。哈佛商学院举办这些同学会活动是为校友创造机会和价值，使同学这种最稳固的人脉激发出最大的活力。

哈佛商学院的学生中，很多都在国际商业里有很出色的表现。在哈佛商学院校友会中的中国人，有众多政商界显赫人物，在国内私募基金和风投中也有不少领导人毕业于哈佛商学院。这些人互相之间关系都比较密切，这得益于哈佛商学院的校友网络的精心维护，即使毕业多年，大家也感觉从没离开过学校。

相比之下，在把建立人际网络看成第一任务的国内商学院中，网络维护往往不能如此细致。学生想建立网络，有功利目的，这没问题，但作为一个教育机构，应该承担起更重要的使命。中国的商学院还有待提供尖端的研究成果，以及高品质的教学。国内还有部分商学院用名誉去换钱，现在各种以建立关系网络为目的的课程比比皆是，从长远看，真是极大的失败。

哈佛商学院对校友的管理给了我很多启发，让我对如何管理客户有了全新的思路。我重新搭建了客户管理的模式与体系，并将如何帮助客户实现更深远的价值，作为我客户管理的核心价值。我同样试图通过网络或聚会，搭建一个客户应用平台，让客户可以通过我搭建的平台，有更多业务发展触角。

哈佛商学院有一个案例是讲星巴克的，其中讲到星巴克开店的核心要素，既非地段也非人流，而是选到一个优秀的店长。这个店长的亲和力要足以覆盖方圆 5 千米范围内的熟客，并且有相当的忠诚度，能够让门店的熟客对星巴克和店长形成一种独特的、熟稔的消费感受。

在星巴克的管理链条上，店长处于整个零售系统管理链条的中间，由于区经理和区域经理并没有独立的管理团队，也没有经理助理，中间环节被大大压缩，避免了官僚主义。同时除了新开辟市场的店长外，绝大部分店长都从店服提升，区经理从店长提升，区域经理又从优秀的区经理提升，管理阶层之间有共同经历，能够进行积极的沟通。另外，星巴克提倡仆人式的领导，要求管理者对伙伴态度和蔼可亲，能够支持和体验他们的工作，和伙伴保持畅通的交流。如果该管理者不是实践"仆人式领导"，而是"命令式领导"，其他的伙伴可以向区经理或者区域经理反馈。

星巴克一直强调其企业是基于关系的，因此以店长为核心，展开其 360 度的关系网络，以了解星巴克的价值观、文化、制度、产品品质、服务标准是如何从西雅图一路延伸到门店，最终通过店员传递给顾客的。这个路径同样可以用在俄罗斯、南美或者西亚某一家门店。

星巴克的店长制度让我认识到一个企业家可以同时做很多个项目，但这些项目成功的关键并非是利润率，而是有一个好的职业经理人，他可以撑得起这个项目。星巴克给我的这个启发让我在后来向众多产业领域进发时做到了心中有数，提前选定了优秀的经理人。

哈佛商学院传授知识的态度深刻而犀利。教授坦率地说，要成为真正的商人，就要做到爱市场、爱利润，但不要爱公司。商人做项目、开公司只是过程，追逐利润才是唯一重要的目标。基于此，不论你在一个项目或一个公司上投入了多少的心力或多大的智慧，只要价格能达到最高点，那就卖掉它，因为如果你不卖掉它，你可能永远都想不到它值多少钱，什么时候才是它价值的最高点。如果你对项目价值的峰值缺少判断，错过最佳的出手时机，就意味着你可能白白辛苦好几年，挣到手的钱还不如3年前卖掉挣得多。

这个原则我深深认同，在商言商，利润是唯一目标，产品也好，项目也罢，都可以处于"待售"状态。只有处于"待售"状态，你才能准确判断所持有的东西的真实价格，并从价格波动中掌握利润的峰值。

按照这项原则，我把自己在纽泽西的一处房产，在搬进去住的第二天，就挂出了"Available"（租售）的牌子，而且喊出一个天价，挂到了房产公司的信息库里。我其实并没有短期内出售那处房产的打算，只是觉得这处房产有相当的独特性，比如，临近9号公路、周边没有待售房产等利好因素，而我无法评估这种独特性，便索性标了一个天价，看看是否有人愿意花大价钱为这种独特性埋单。

结果相当理想，真的有人愿意为我房子的独特性花天价，这种独特性对于他相当重要。我想如果我没有把"租售"的牌子挂出去，我永远都不会知道它竟然值这么多钱。

如果有条件，一定来哈佛商学院进修一次，绝对是超值的选择，这是我的个人感悟。

注重细节，搭建超强人脉

之前讲过哈佛商学院同学安东尼是我的贵人，他集结了菲律宾最有实力的企业家，和我一道筹建了中菲商会，为中菲两国的商人去对方国家投资创造了极大的便利。

基于中菲商会在两国之间独特而重要的影响力，阿基诺总统访华时，特意安排时间在钓鱼台 18 号楼接见了由我领衔的中国企业家代表团，坦率地讲，这个代表团成员都是我组织的企业家朋友。

钓鱼台 18 号楼是访华首相官邸，安保措施和服务接待都是一级的，你一进去就能感受到别样庄严的气场，到底是帝王府邸。工作人员安排了 15 分钟的会见时间，并给我们提了诸多注意事项，以及须由工作人员安排合影等。

阿基诺在安东尼的陪同下，单独和我举行了会谈。按照《新闻联播》的说法，"两人就一些双方共同关注的问题进行了亲切友好的交流"。阿基诺问我："中国商人去菲律宾投资可能会有什么顾虑？"我回答："除了安全问题，还会重点考虑政策的稳定性、连续性，以及最好菲律宾政府能为中国的投资做担保。"阿基诺听了，告诉我菲律宾政府以前给企业做担保出过问题，今后不会轻易给企业做担保了。接着阿基诺便问我中国给外资企业贷款的相关政策，以及有哪些优惠待遇。

我们聊了近30分钟，远远超过原计划的15分钟。阿基诺最后总结道："我在菲律宾提过做企业的四个正确：正确的时间、正确的地点、正确的项目、正确的资金。"我听后，马上补充道："还要有正确的人。"

阿基诺听了，连连称是，扭头对助理说："把李先生的这句话记下来，以后我要改提五个正确了。"这下我得意了，我的一句话把总统的语录都给补充了，挺厉害嘛。

话说回来，我能被总统单独接见，全是安东尼的功劳。安东尼之所以如此看重我，同学期间的交情只是一方面，并不是关键。在安东尼看来，我之所以值得结交，是因为他认为我在中国能力很强、人脉很广。其实我在中国只是一个普普通通的企业家，钱不算多，业不算大，在国内商界混的时间还很有限，能让安东尼对我有这种认识，靠的是我经营人脉时对待细节的把控。

记得安东尼和我最初交往时，邀请我去菲律宾考察，出行都是坐他的直升飞机，见的都是菲律宾首富施志成这样的大企业家，吃喝更是无比讲究。不久之后安东尼告诉我，他要来中国了。

我瞬间有了压力，安东尼在菲律宾是霍英东、王健林般的人物，我在中国只是一个无名小卒，要招待出点儿排场来，难度太大。可小人物有大志气，宁可失窃不可失礼啊。没办法，别人搞排场靠的是地位，我搞排场只能靠策划了。

　　去机场接安东尼，好车有的是，可车牌号要是不霸气也有失身份。我几经周折，找了辆00001打头的车牌号。只不过并非京字打头的，而是黑字打头的，我托黑龙江某地区的一个企业家把他的奔驰600加霸气车牌，千里跋涉开来北京。

　　在机场接到安东尼，他一看车牌，冲我竖大拇指，他哪知道这其实是来自黑龙江某市的车牌。接到安东尼后，直奔人民大会堂吃晚饭。那天我们运气好，整个人民大会堂就我们一桌三五个人吃晚饭，服务员站了两长排，看起来特别排场。席间，经理还详细介绍了菜品，到底是国宴用地，介绍菜品都别具一格，"您用的这道法式洋葱是周恩来总理最爱吃的""这道红烧豆腐是陈毅元帅必点的菜"……安东尼很高兴，他有钱，但毕竟来自小国家，来到泱泱大国，能受到1号车牌接送、国宴招待的礼遇，他已然很满足了，对我的良好印象也就形成了。

　　话说回来，我讲这段经历，不是号召大家为搭建人脉而弄虚作假，而是让大家明白，与人交往时一定要足够用心，唯有如此，你才会有切实的收获。

李中子个人大事年表

1955 年 6 月，出生。

1972—1976 年，就读于武汉大学英语专业。

1976—1980 年，先后于湖北省外事办、旅游局工作。

1980—1983 年，就读于北京广播学院（现中国传媒大学）新闻专业。

1985—1993 年，就读于美国俄亥俄州立大学国际政治专业，获博士学位。

1992 年，初次涉足健身球销售。

1993 年，成立美国利世公司。

1998 年，成为美国最大的健身球生产经销商。

1999 年，涉足汽配，至今仍为美国通用、福特等汽车配件供应商；成立利世（北京）公司。

2003 年，收购武汉利成橡胶。

2004 年，成立利世（上海）公司。

2006 年，投资中国 6 家企业，涉足产业有煤矿、科技、券商、房地产等，并在广州投资韩国现代汽车 4S 店。

2009年，开发拉斐水岸100万平方米地产项目。

2012年，成立利世控股有限公司。

2013年，成立利世（上海）汽车零部件有限公司。

2014年，成立利世通用航空有限公司。

附录三

图释人生

高光时刻

▲ 2011年9月1日，率中国企业家在钓鱼台国宾馆会见时任菲律宾总统阿基诺三世

▲ 2011年9月1日，与时任菲律宾外交部长德尔·罗萨里奥交流

▲ 2011 年 9 月 1 日，率中国企业家在钓鱼台国宾馆会见时任菲律宾总统阿基诺三世

▲ 2011 年 8 月，与菲律宾名人伊梅尔达·马科斯在中国大饭店合影

▲菲律宾前总统阿罗约出席中菲经贸合作会议的签约仪式

▲与华人富豪陈永栽等人合影

▲中菲商会联席会议会场，双方主席主持会议

▲在洛克菲勒中心与杰克·韦尔奇交流

学历人生

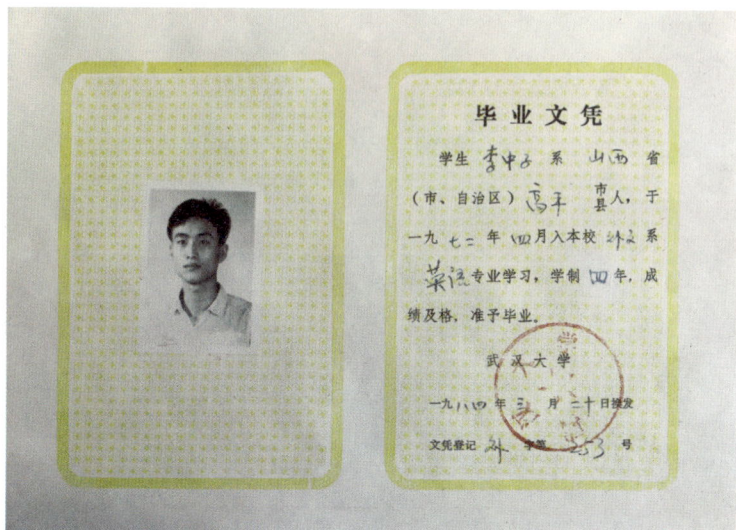

▲武汉大学毕业证书

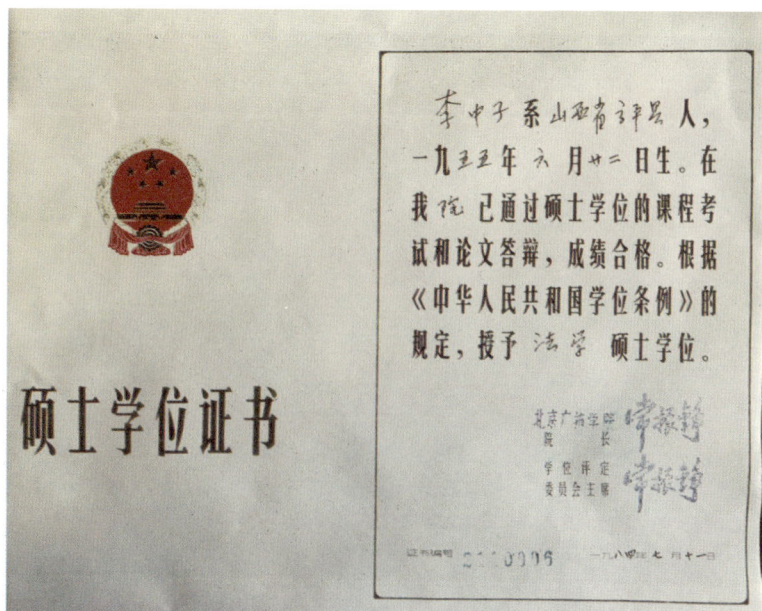

▲中国传媒大学硕士学位证书

▲美国俄亥俄州立大学博士学位证书

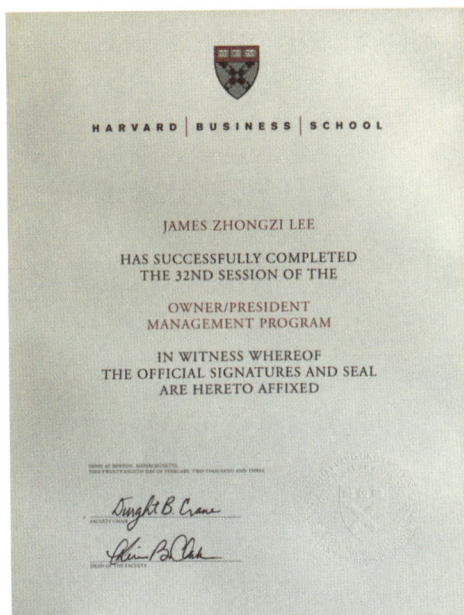

▲美国哈佛大学商学院 OPM 毕业证

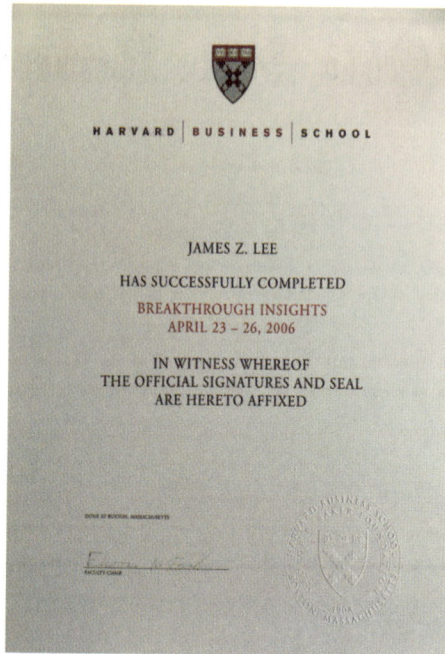

▲美国哈佛大学商学院管理者创新思维证书

▲美国宾夕法尼亚大学沃顿学院战略联盟证书

美国闯荡记

▲初到美国，当起了二房东

▲ 1986 年，穷游美国

▲拥有了人生第一辆汽车

▲美国生活迈向"小康"

▲勤工俭学期间，在州电视台做台长助理

▲牧师见证我和历歌的婚礼

▲ 1986 年，和历歌在白宫前留影

▲在俄亥俄求学时牵线中美金丝猴交换活动

▲在美国跻身小富一族后，买了辆车牌号超霸气的奔驰

▲在拉斯维加斯跑商品秀

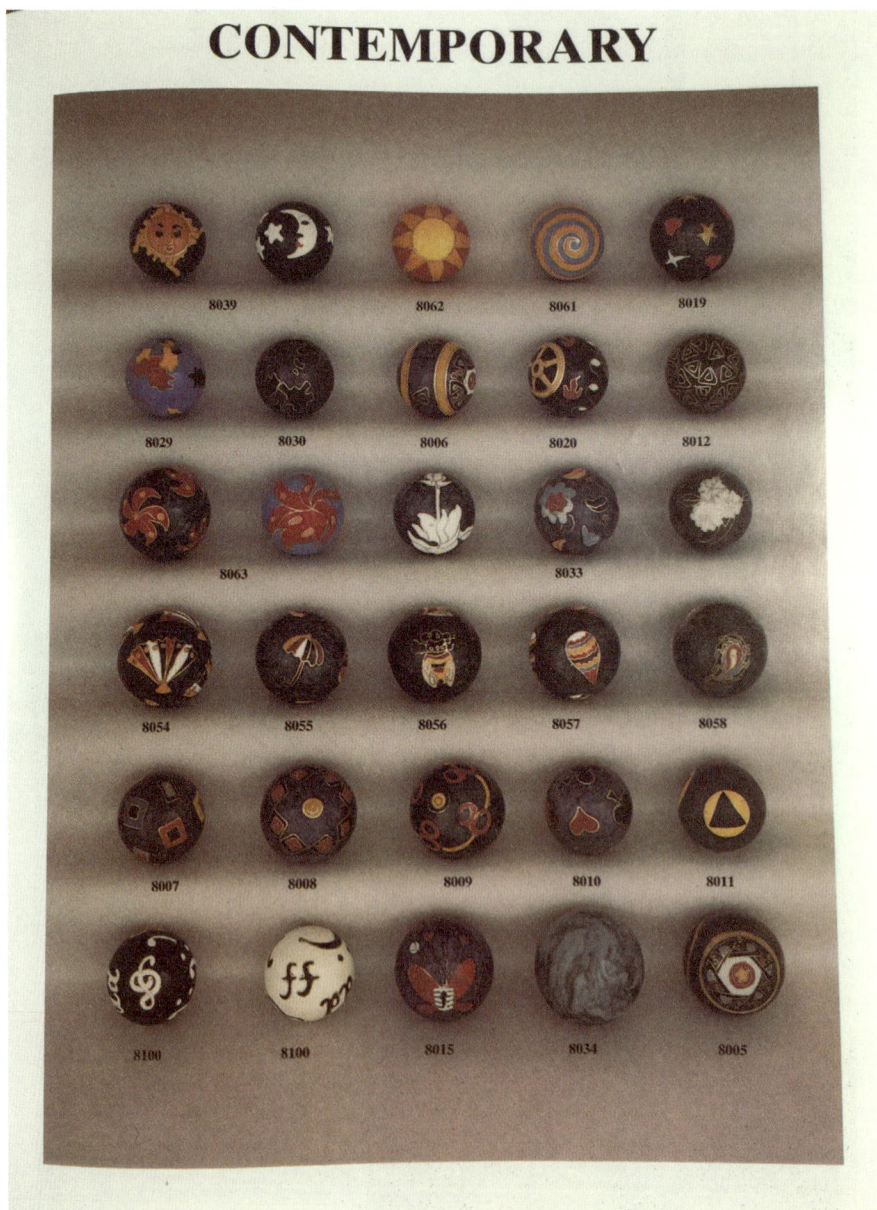

▲我经营的健身球

▲ "9·11" 过后几天，在曼哈顿街头留影

▲ 2003 年，在哈佛商学院与同学们合影

▲ 2003 年，哈佛商学院毕业酒会，右二为菲律宾驻中国经济特使安东尼

▲哈佛商学院毕业酒会，后排左一为陈茂波

▲哈佛商学院毕业典礼

▲和哈佛商学院的同学们在一起

商者无域

▲ 2006 年，和美国 CEO 代表团成员游长城

▲ 2006 年，美国商务考察团来华考察

▲ 2006 年，美国商务考察团来华考察

▲ 2006 年，美国投资者考察利世集团

▲与美联储董事丹尼尔·卡宁汉在中美投资项目开幕仪式上合影

▲波多黎各最知名的伟人雕塑是中国制造

▲各界官员参加雕塑剪彩仪式

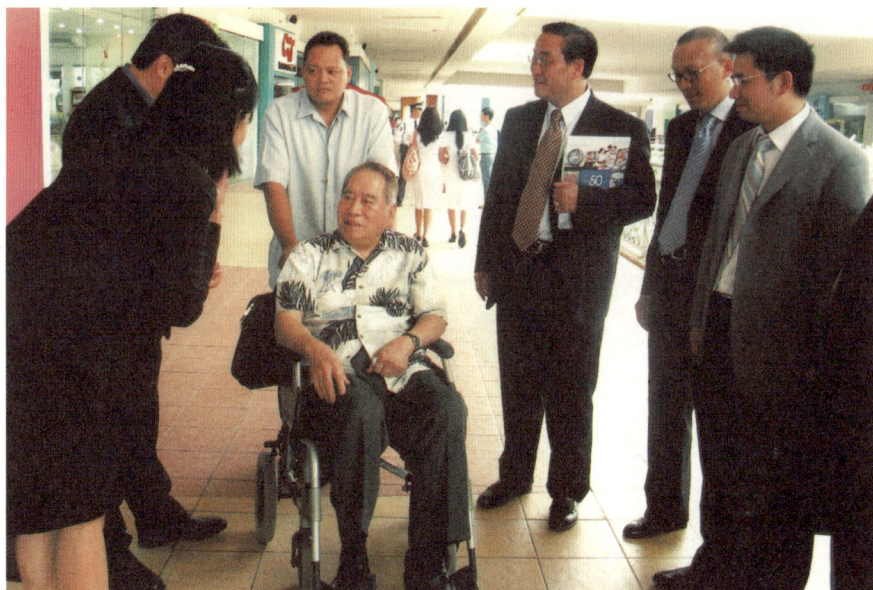

▲在马尼拉偶遇菲律宾首富施志成

▲建设中的上海汽车配件制造基地

▲上海汽车橡胶配件制造基地管理团队

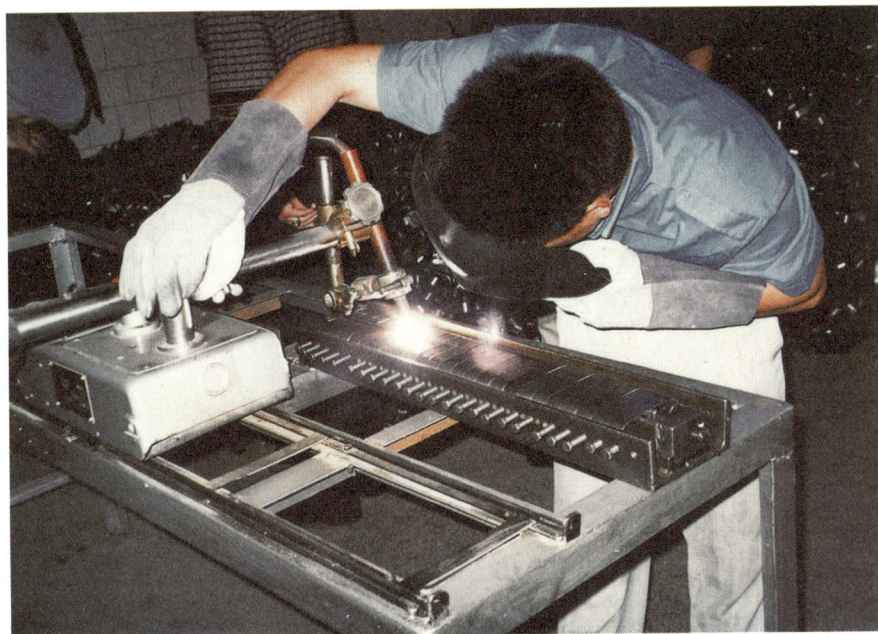

▲武汉工厂在攻关汽车橡胶配件

▲在沙特阿拉伯利雅得市考察时与家具大亨合影

▲京北百万平方米山水大盘——拉斐水岸

▲哈佛总裁班印度之行

▲和哈佛校友、挚友合影

▲在老挝首都万象和项目股东合影

▲通航第一次试飞后，与教练合影

▲美国小型商务机，未来将在中国普及

我的亲友团

▲全家福

▲母亲八十大寿

▲母亲八十大寿

▲ 2008 年，在北京奥运会开幕式会场

▲罗历歌全家福

▲和历歌在美国的第一个圣诞节

▲和历歌结婚十周年纪念照

▲人艺台柱子罗历歌，梅花奖获得者

▲ 1987 年，和历歌登长城留影

▲和父亲的老战友夫妇在一起

▲和宋丹丹一家在美国

▲和好兄弟蔡猛留影